目 次

第1部　営業3課　秋山君の挑戦

（登場人物）

主人公　秋山隼人君のプロフィール

秋山隼人　　安心フーズ株式会社　営業部営業3課所属、入社5年目

　今年から担当の顧客を割り当てられ、1人での営業を任されるようになった。主な顧客は、ダイバース・マート株式会社。

　安心フーズ株式会社は、半加工食材、調味料、加工食品、保存食品、健康食品などを生産する食品メーカー。特に食の安全・安心を最優先課題に掲げ、様々な食品の生産に進出している。

　ダイバース・マート株式会社は、スーパー、コンビニ、百貨店を全国展開する食品小売業者である。社名は、地域のニーズに合った店舗構成をモットーとするダイバーシティと、消費者の市場を意味するマーケットに由来する。

その他の主な登場人物

◎安心フーズ株式会社：

　　営業3課　　　井上課長

　　営業3課主任　上田女史

　　　　　　　　（秋山君のメンターであり、よきアドバイザー）

　　経理課所属　　大石君（秋山君の同期入社で、飲み仲間）

　　営業3課　　　江波君（秋山君の後輩）

　　生産管理課　　岡田係長

◎ダイバース・マート株式会社：

商品仕入部　　川上部長

商品仕入課　　木村課長

販売企画部　　九谷部長

販売企画課　　駒田課長

第1部

営業3課　秋山君の挑戦

ケース 1：「おたくのは高い…？」

1　初めての顧客単独訪問

　秋山君は、安心フーズ株式会社の 30 年を超える取引先であるダイバース・マート株式会社を訪問しました。先輩社員に連れられて、これまで何度か訪問したことはありますが、担当者として初めての訪問なので緊張しています。

> **秋山君**「このたび、御社の担当を任されました。これまで担当の夏川同様、よろしくお願いいたします」

　ダイバース・マートの商品仕入部長 川上氏、商品仕入課長 木村氏、販売企画部長 九谷氏、販売企画課長 駒田氏と名刺交換し、一通りの挨拶を終えました。
　ソファーに着席して、しばらくの談笑の後、真顔になった木村商品仕入課長が言いました。

> **木村商品仕入課長**「前任の夏川さんには大変お世話になりました。これまで同様よろしくお願いします」
> **秋山君**「こちらこそよろしくお願いいたします。何かご要望等がありましたら、どうぞご遠慮なく、申しつけください」

木村商品仕入課長「では早速ですが、安心フーズさんのライバル会社である横取米穀店が、食糧米"ツヤ姫"5kg をお宅よりも 10%安い値段で提供すると言ってきているんです…。お宅とは長い付き合いだが、この時代、我々の経営環境も厳しくて、横取米穀店の提案も無視できないのですよ」

あまりにも突然の話に、飲んでいたお茶にむせてしまった秋山君です。話を引き取った川上商品仕入部長も、

川上商品仕入部長「直ぐに横取米穀店と取引を始めるつもりはありませんが、安心フーズさんにも何かご提案いただければありがたいのですがね」

といいます。

秋山君は頭をグルグル回転させましたが、とっさには何も思いつきませんでした。それを顔には出さずに、やっとの思いで次の言葉です。

秋山君「なるほど、事情は良くわかりました。一度社に戻って、どのような提案ができるのか、検討してみます。1 週間、お時間をいただけますか？」

木村商品仕入課長「わかりました。1 週間後に提案書ができたら、私のところへ持ってきてください。検討してみましょう」

秋山君「よろしくお願いします。では 1 週間後に、再度お邪魔させていただきます」

そう言ってダイバース・マートを後にした秋山君ですが、「今日は木曜日、来週の金曜日までどのような提案ができるのか、そもそも食糧米の販売価格はどのように決められているのか？」と心配になりました。

　秋山君は、どうすればダイバース・マートの期待に応えられるのかを思案しているうちに、以下のポイントが鍵になるような気がしました。

- ✓ そもそも商品の値段はどのように決められているのか？
- ✓ 安心フーズの "ツヤ姫" の販売価格はどのようにして決められているのか？
- ✓ 果たして今回、いくらまで価格を引き下げることができるのか？

　秋山君は、会社に帰る電車の中で考え続けましたが、結論は出ません。大学時代に会計を履修した秋山君ですが、あまり熱心でなかったのが悔やまれます。「後悔先に立たずか？」
　「会社に帰ったら上田主任と、同期入社で経理課に所属している大石君に相談してみよう。」そう決心すると一安心し、電車の揺れに誘われてうとうとし始めた秋山君です。

2　主任 上田女史のアドバイス

　安心フーズでは、新入社員の仕事上の悩みを聞き、アドバイスをするメンターの制度を設けています。秋山君が新入社員だった時のメンターだったのが上田女史です。今、上田女史は営業3課の主任の地位にあります。
　営業3課の井上課長に帰社の挨拶をした秋山君は自分の席に戻りました。
　少し疲れた顔をしている秋山君を見た主任の上田女史は、秋山君をコーヒーラウンジに誘いました。上田女史は、今でも秋山君のことを気にかけてくれます。

上田女史「どうだった、初めての顧客単独訪問？」
秋山君「いや～疲れました。緊張しましたし、大きな宿題をもらってき

　ました」

上田女史「何、宿題って？」

　ダイバース・マートの商品仕入部長とのやり取りと、1週間後に販売価格引き下げの提案をしなければならないことをを説明しました。

　そして、電車の中で疑問に思っていたことを上田女史に質問します。

秋山君「ところで主任、商品の販売価格はどのようにして決めているのですか？」

上田女史「商品の販売価格は、商品の原価に期待利益を上乗せして決められるのよ。どの商品でも同じよ」

秋山君「原価ってなんですか？」

上田女史「商品の原価というのは、商品を生産、販売するために消費した価値のことで、金額で表示するのよ。商品の原価は、製造原価と販売費、管理費、財務費用で構成されるわ。図で示すとこうなるわ」

　上田女史は、近くにあったホワイトボードに**図表1**の絵を描いて説明してくれました。

図表1　製造原価と販売価格の関係

▷製造原価に販売費、管理費、支払利息などの財務費用を加えたものが総原価で、それに期待利益を加算した額が商品の販売価格になる

製造原価	販売費	管理費	財務費用	期待利益
総　原　価				
販　売　価　格				

秋山君「製造原価、販売費、管理費、財務費用のすべてを総原価というのですね。それに期待利益を加えたものが販売価格になるのです

5

ね」

上田女史「そうよ。そのとおりよ」

秋山君「僕は営業を担当しているので、販売費や管理費、財務費用の中身は大体見当がつきますが、製造原価についてはチンプンカンプンです。いったいどのようなものが含まれているのですか？」

上田女史「いいわ！教えてあげる。ちょっと長くなるから会議室に行きましょう」

会議室に移動した２人。ホワイトボードを前にテーブルに向かい合っています。おもむろに立ち上がった上田女史は、ペンを片手に語り始めます。

上田女史「製造原価の計算では、原価を直接材料費、直接労務費、製造間接費の３つに分けるのよ」

秋山君「直接材料費って何ですか？」

上田女史「直接材料費は、商品の主要部分になる主要原材料の価値ね」

秋山君「では直接労務費は？」

上田女史「直接労務費は、生産ラインで生産の仕事に直接従事する従業員の給料などよ」

秋山君「最後の製造間接費って何ですか？」

上田女史「直接材料費と直接労務費以外で、商品製造のために工場で消費したすべての物品やサービスの価値よ。例えば、消耗品などの補助的な材料費、工場長や工場事務員、現場監督者などの給料、生産設備の補修や維持に要した経費、電気料金、ガスや水道の料金、工場建物や生産設備の減価償却費などね」

秋山君「直接材料費や直接労務費と製造間接費の違いというか、それらを区分する理由は何ですか？」

上田女史「直接材料費や直接労務費は、消費量などを手掛かりに個々の商品に容易に紐づけることができる原価よ。これに対して製造間

　　　接費は、個々の商品に容易には紐づけることができないか、もし
　　　くは紐づけに多大な時間を要するのでわざわざ紐づける価値がな
　　　い原価なの」

秋山君「なるほど、製造原価は直接材料費、直接労務費、製造間接費か
　　　らなり、これに販売費、管理費、財務費用を加えたものが総原価
　　　になるのか。これに期待利益を加えて販売価格を決めているの
　　　か？」

上田女史「そのとおり」

秋山君「では、期待利益はどうやって決めるのですか？」

上田女史「もちろん業種や会社によって異なるし、同じ会社でも商品に
　　　よって異なるわ。でも一般的なメーカーの場合は、期待利益は販
　　　売価格の30％程度といわれるわ」

秋山君「よくわかりました。ところで我が社の"ツヤ姫"の製造原価と
　　　販売価格の関係はどうなっているのでしょうか」

上田女史「それは私にもわからないわ。経理課で商品の原価計算を担当
　　　している人に聞いてみるといいわ」

秋山君「はい、そうします。経理課に同期の人間がいますので、彼に聞
　　　いてみます。今日はどうもありがとうございました」

上田女史「大学時代に原価計算を勉強しておいたのが役に立ったわ！」

秋山君「…そ、そうですか…」

　ただ、うなだれるだけの秋山君でした。

3　経理課　大石君

　しょんぼりする暇もなく、秋山君は、経理課の大石君にメールを送りま
す。大石君は、新入社員教育のときに隣の席に座った同期入社の社員です。
大学では会計を勉強し、在学中に簿記検定1級に合格した勉強家です。性
格は違いますが、何となく意気投合し、その後も時々一緒に居酒屋に繰り出

す飲み仲間です。

> **秋山君**「大石君!! 秋山です。仕事の都合でうちの "ツヤ姫" の製造原価
> 　　　　と販売価格の関係を知りたいんだけど、誰か協力してくれる人を
> 　　　　知らないかな？」
> **大石君**「それだったら僕ができると思うよ」
> **秋山君**「え、本当！これから行っていい？」
> **大石君**「今は仕入先への支払いの準備で忙しいから、後でもいい？」
> **秋山君**「もちろんだよ、何時がいい？」
> **大石君**「午後 4 時過ぎなら、大丈夫だよ。それでよければ、経理課の
> 　　　　会議室に来てもらえるかな？」
> **秋山君**「わかった、午後 4 時に経理課の会議室に行くよ」

　午後 4 時が待ち遠しくなりましたが、それまでに今日のダイバース・マート訪問の営業日誌をまとめることにした秋山君です。

　完成した営業日誌を営業 3 課　井上課長に提出し「"ツヤ姫" の製造原価と販売価格の関係を聞きに、経理課に行ってきたいのですが…」と恐る恐る言うと「そうか、しっかり勉強してこい」と送り出してくれました。

　経理課の会議室に着くと、すでに大石君が書類を抱えて、説明の準備をしていました。

> **秋山君**「大石君、忙しいところ申し訳ない！」
> **大石君**「なに、支払いの仕事が一段落して暇になったところだ。ところ
> 　　　　で、君が "ツヤ姫" の製造原価と販売価格の関係を知りたいなん
> 　　　　て、いったいどうしたんだい？」

怪訝そうに聞く大石君にダイバース・マートへの訪問の内容と、どんな提案ができるか思案中である旨を話しました。

> **大石君**「なるほど。ではどこから話をすればいいのかな？原価計算の中身からかな？そうすると、かなり時間を要するな！」

秋山君は、先ほど上田主任から聞いた内容を大石君に話しました。

> **大石君**「じゃあ、一通り原価計算の方法については知っているんだね。では"ツヤ姫"の製造原価と販売価格の関係に絞っていいかな？」
>
> **秋山君**「よろしく頼むよ」

大石君は、持参した資料に基づいて、"ツヤ姫"の白米5kgの総原価の構成と販売価格の関係をホワイトボードに書きました。その内容は以下のとおりです。

直接材料費（玄米5.5kg分）	2,400円
直接労務費	100円
製造間接費	500円
製造原価合計	3,000円
販売費・管理費、財務費用	200円
総原価	3,200円
期待利益	800円
販売価格	4,000円

これを見た秋山君の素朴な疑問です。

> **秋山君**「それにしても"ツヤ姫"の玄米は、5.5kgで2,400円もするのか？高いな！我が家がスーパーで買っているコメは、白米で5kg2,500円だぜ」

大石君「なんでも "ツヤ姫" は、生産地が限定されていて生産量も限られるので高値で取引されているらしいんだ」

秋山君「ふぅ～ん。ところで、白米 5kg を生産するのに玄米 5.5kg が必要なのはなぜだい？」

大石君「白米に精米する際に "米ぬか" が約 10％ 出る。そのため、玄米 5.5kg を投入し精米すると白米は 5kg に目減りするんだ。つまり、玄米 5.5kg の仕入代金が白米 5kg の直接材料費に収れんするんだよ」

秋山君「なるほど。で、米ぬかはどうなるんだい？」

大石君「昔はゴミとして捨てていたんだけど、今は捨てるにも処分費用が掛かる。そこで。近所の農家に無償で引き取ってもらっている。引き取った農家はそれを家畜の飼料の一部にしたり、野菜や果物の肥料として使っているよ」

秋山君「なるほど、米ぬかの処分に関しては、我が社と農家はウイン・ウインの関係にあるわけか！」

大石君「そういうこと！」

秋山君「次の疑問だけど、直接労務費より製造間接費の方が高いのはどうしてだい？」

大石君「うちの精米工場は完全自動化されている。工場の工員は機械が正常に動いているかを監視するのが主な仕事で、最小限の人員ですんでいる。そのため、直接労務費はほとんどかからないんだ。この反面、機械の減価償却費や修繕維持費、機械を動かすための電気代などがかさむ構造になっている。それで製造間接費が多くなるんだ」

秋山君「なるほど。それで製造原価は 3,000 円になるのか。販売費・管理費、財務費用は 200 円で総原価は 3,200 円、販売価格が 4,000 円だから、1 袋当たり 800 円の儲けが出るんだな」

大石君「そのとおりだよ。販売価格が 4,000 円を下回れば、その分だけ、儲けが減ることになる」

秋山君「その分だけ損をするということだね」

大石君「いやそうでもないよ。儲けを少なくすれば販売価格を引き下げ
　　　　られるだろ。販売価格を引き下げて、多くのお客にたくさん販売
　　　　して儲けを確保することもできるんだよ」

秋山君「どいうこと？もっと詳しく話してよ」

大石君「期待利益を 800 円から 400 円に引き下げれば、販売価格は
　　　　3,600 円になる。１袋当たり 400 円の利益だ。これを 2 袋売れ
　　　　ば、合計で 800 円の儲けになる」

秋山君「なるほど」

大石君「このように、１個当たりの儲けを少なくして販売価格を引き下
　　　　げ、販売量を大きくすることによって儲けを確保する方法は、
　　　　"薄利多売" 方式と呼ばれる商法だよ」

　さすがは、学生時代に簿記検定１級に合格した大石君です。

　ダイバース・マートに対し、横取米穀店に負けない提案をしたい秋山君は
さらに質問を続けます。

秋山君「でも、さすがに総原価の 3,200 円を下回る販売価格では赤字
　　　　になってしまうのだろう？」

大石君「いや、必ずしもそうではないよ。

　　　　　総原価には、販売員の給料などの販売費、事務所の家賃などの
　　　　管理費、支払利息などの財務費用、などのように商品の販売数量
　　　　に関係なく一定額が発生する原価がある。

　　　　　もし、販売価格が 3,100 円で、総原価の 3,200 円を下回る場
　　　　合でも、商品の製造原価の 3,000 円を上回る場合は、商品を販
　　　　売することによって販売員の給料や事務所の家賃などの一部を回
　　　　収することができるので、会社の赤字の幅を少なくすることがで
　　　　きる」

秋山君「そうすると、販売価格は、最低、製造原価の 3,000 円まで、
　　　　25％は引き下げられるということだな。これでいいんだよね、
　　　　大石君」

> **大石君**「あ〜、そうだよ。ただ、実はもっとすごい裏技があるんだよ。でもそれは、今度に取っておこう」
>
> **秋山君**「いや今の説明で十分だよ。今日はありがとう。もう終業時間を過ぎているし、一杯やりに行こう。今日は僕のおごりだ」

　もちろん、大石君に異存はありません。

　大石君の最後の言葉が気になった秋山君ですが、横取米穀店がダイバース・マートに提案している10%の販売価格の引き下げに十分対抗できるベースを見つけた秋山君はご機嫌です。

4　井上課長の判断

　翌朝、大石君に教えてもらった内容を井上課長へ説明するために、井上課長と11時からの打ち合わせを予定し、会議室を予約した秋山君です。主任の上田女史にも参加をお願いしました。

　11時になり、井上課長と上田女史が会議室に来ました。30分前から会議室に来ていた秋山君は、昨日の大石君の説明をホワイトボードの裏表に体裁よく書いています。大学時代に漫画研究会に所属していた経験が生きているのでしょう。説明に絵を上手く使っています。

> **井上課長**「では、はじめようか？」

　井上課長に促されて、秋山君は、ゆっくりと説明を始めました。説明が終わると井上課長が質問します。

> **井上課長**「すると、損害を被らずに、最大25%まで販売価格を引き下げることができると言うことだな？」

秋山君「はいそうです」

上田女史「秋山君、短い時間によくそこまで調べたわね」

秋山君「昨日の上田主任のアドバイスのおかげです」

しばらく考え込んでいた井上課長ですが、やっと口を開きました。

井上課長「ダイバース・マートは、安心フーズの大事な顧客だ。取引は
　　　　　"ツヤ姫"のみならず多岐にわたる。横取米穀店は、最近、米穀
　　　　　類以外の食品の販売にも手を広げている。今回、ダイバース・
　　　　　マートへの"ツヤ姫"の参入を許すと、次々と我々の取引が奪わ
　　　　　れる危険性がある。絶対に阻止しなければならない」

上田女史「では、販売価格の引き下げ幅はいくらにしますか？」

井上課長「最大25％引き下げられる可能性があるとしても、少しでも
　　　　　利益はあったほうがよい。次の交渉に余力を残すためにも、今回
　　　　　は横取米穀店と同じ10％を提案しよう」

上田女史「でも、それではダイバース・マートにとってさほど魅力的で
　　　　　ないのではないでしょうか？そこで、例えば、取引量が月5,000
　　　　　袋を超えた場合は、さらに3％の値引を上乗せするという提案な
　　　　　どはどうでしょうか？」

井上課長「現在の月間納品量が4,200袋前後だから20％増しだね」

上田女史「はい、そうです。この条件だと、ダイバース・マートの販売
　　　　　意欲も高められると思います」

井上課長「いいね、それでいこう」

上田女史「いいわね秋山君、"納品価格は今より10％安い3,600円、取
　　　　　引量が月間5,000袋を超えたらさらに3％を追加で値引する"と
　　　　　いう内容でダイバース・マートへの提案書を作ってちょうだい。
　　　　　できたら、遅くとも来週月曜日の夕方までに私に見せてちょうだ
　　　　　い」

秋山君「了解しました、上田主任」

井上課長「よし一段落だ、どうだ一緒にランチに行かないか、近くに新

> しいイタリアン・レストランがオープンしたんだ」
>
> **上田女史、秋山君**「喜んでご一緒します。もちろん課長のおごりですよね?」
>
> **井上課長**「…も、もちろんだよ」

付属解説

1　直接費と間接費の区分

　直接材料費や直接労務費は、消費量などを手掛かりに個々の商品に容易に紐づけることができる原価です。**ケース1**で言えば、ツヤ姫を精米する前の玄米の仕入代金が直接材料費、工場で働いている工員の人件費が直接労務費になります。

　これに対して間接材料費や間接労務費は、個々の商品に容易には紐づけることができないか、もしくは紐づけに多大な時間を要するのでわざわざ紐づける価値がない原価です。間接材料費や間接労務費は、製造間接費として扱われます。

　ケース1で言えば、ツヤ姫の品名や精米時期などを印刷たラベルの購入代が間接材料費、工場長や事務員の給料が間接労務費になります。

　ある原価を直接材料費・労務費とするか間接材料費・労務費とするかの画一的な基準はありません。実務的には、製造原価に占める割合が相対的に大きい材料費や労務費は直接費、そうでない材料費や労務費は間接費とするのが一般的です。

　例えば、補助材料の中には消費量などを手掛かりに商品に容易に紐づけることができるものもありますが、製造原価に占める割合が小さいなどの理由で間接材料費に区分されるものもあります。**ケース1**で言えば、白米を入れるビニール袋の原価は白米5kg袋に容易に紐づけられますが、仕入単価が安いために間接材料費に区分することもあります。

　直接費に区分する割合を多くすればするほど、精密な原価を計算することができますが、より多くの手間がかかることになります。したがって、手間と必要な原価情報の精緻さを比較して区分基準を設定する必要があります。

2　変動費と固定費

　前述したように、直接材料費や直接労務費は消費量などを手掛かりに個々の商品に容易に紐づけることができる原価です。言い換えれば商品の生産量に比例して変動（増減）するとみなされる原価です。**ケース1**で言えば、ツヤ姫の生産量が増えれば増えるほど玄米の仕入代金は増えます。

　製造間接費は、商品に容易には紐づけることができないか、もしくは紐づけに多大な時間を要するのでわざわざ紐づける価値がない原価です。言い換えれば商品の生産量にかかわりなく、毎期一定額が発生する原価です。**ケース1**で言えば、機械の減価償却費や修繕維持費は、ツヤ姫の生産量には関係なく、一定額が発生します。

　前述したように、製造間接費には、ビニール袋やラベルなどの補助材料や機械を運転する電力代金などのように、商品の生産量に応じて変動（増減）するものもありますが、これらは製品原価に占める割合が重要でないなどの理由で、製造間接費に含められるのが一般的です。

　販売費、管理費、財務費用の多くも商品の販売量に応じて変動（増減）しない原価です。商品の輸送費などのように、商品の販売量に応じて変動（増減）するものもありますが、本書では説明を簡便化するために、販売費、管理費、財務費用はすべて商品の生産量に応じて変動（増減）しない原価として取り扱います。

　商品の生産量や販売量に応じて変動（増減）する原価は変動費と呼ばれます。これに対し、生産量や販売量に応じて変動（増減）しない原価は固定費と呼ばれます。

　したがって、総原価を変動費と固定費に区分すると、直接材料費と労務費は変動費、製造間接費と販売・管理費財務費用は固定費となります。

　図にすると、以下のようになります。

製　造　原　価			販売費・管理費、 財務費用
直接材料費	直接労務費	製造間接費	
変　動　費			固　定　費

　この変動費と固定費の概念を使って、販売価格（もしくは売上高）から変動費を控除したものを貢献利益、貢献利益から固定費を控除したものを営業利益と呼ぶ呼び方もあります（詳細は**ケース10**で取り上げます）。

3　製造原価割れ

　ケース1で大石君が最後に言いかけた「もっとすごい裏技」とは、商品の販売価格を製造原価以下に引き下げられる可能性のことです。

　製造原価は直接材料費や直接労務費のように生産量に比例して増減する原価と、生産量に関係なく毎期一定額発生する製造間接費で構成されています。

　例えば**ケース1**で、販売価格が2,800円で、製造原価（3,000円）を下回るようになった場合でも、直接材料費や直接労務費などの生産量に比例して増減する原価（2,500円）を上回る場合は、商品を生産し販売をすることによって、毎期必ず一定額が発生する製造間接費（500円）の一部を回収することができます。この結果、会社の赤字の幅を少なくすることができます。

　この関係を図で示すと以下のようになります。この図では、販売価格2,800円は製造原価3,000円を下回っていますが、直接材料費2,400円と直接労務費100円を上回っており、さらに製造間接費500円のうち300円分をカバーしています。つまり、毎期一定額が発生する製造間接費の一部をカバーして、赤字の額を小さくしています。

製造原価　3,000		
直接材料費 2,400	直接労務費 100	製造間接費 500
販売価格　2,800		

4　直接費割れ

　販売価格が製造原価の直接費（ケース１では直接材料費 2,400、直接労務費 100、合計 2,500 円）を下回る場合はどうでしょうか？

　販売価格（例えば 2,200 円）が製造原価の直接費（2,500 円）を下回っている場合は、商品の生産量に比例して発生する直接費（2,500 円）も回収できません。これでは、商品を生産すればするほど赤字が膨らんでいきます。このような商品は、即刻生産・販売を中止すべきです。

　ただし、以下のような事情がある場合は、当該商品の生産・販売を継続することが考えられます。

- ✓ 直接費を回収できない商品でも、他の商品もしくはサービスの売上に貢献する（コーヒー・メーカーを安い価格でリースし、コーヒー豆を継続的に販売するなど）
- ✓ 直接費を回収できない商品でも、顧客を店舗に呼び寄せる効果がある（スーパー・マーケットにおける特売品など）

ケース2：「まとめて注文するから…？」

1　バーゲンセールの特売品

　"ツヤ姫"の取引の継続に成功した秋山君は、今日もダイバース・マートを訪問しています。

木村商品仕入課長「"ツヤ姫"のご提案ありがとうございました。我々としては、月5,000袋を販売できるよう、各店の店長とともに頑張っています」

秋山君「あと3％の値引を獲得できるように、私どももできる限りの協力をさせていただきますので、何なりとお申し付けください」

木村商品仕入課長「ありがとうございます。ところで、来月1日から3日間の予定で春のバーゲンセールを計画しています」

秋山君「あと1か月後ですね」

木村商品仕入課長「バーゲンセールでは、必ず特売品を用意します」

秋山君「今年の特売品は何ですか？」

木村商品仕入課長「今年は調味料の醤油を予定しています」

秋山君「うちで納品している醤油ですか？」

木村商品仕入課長「そうです。安心フーズさんの"万能醤油1L"を特売品にしたいと考えています」

秋山君「そうですか、どうもありがとうございます」

　万能醤油は、多種多様な料理に適した用途が万能な醤油で、安心フーズの

ヒット商品の1つです。

> **木村商品仕入課長**「ついては今月の末までに20,000本を納品してもらいたいのですが…？」

　ダイバース・マートへの万能醤油1Lの納品量は月約4,000本です。一気にその5倍の注文です。秋山君はびっくりするやら、うれしいやらです。他方、“今月末までに20,000本を増産できるのかな？”と気にもなりました。
　ところが、話はこれで終わりませんでした。

> **木村商品仕入課長**「例月の5倍の量を一気に注文するのだから、納品価格もそれなりに勉強してほしいのですが…」
> **秋山君**「もちろんです。どの程度をご希望でしょうか？」
> **木村商品仕入課長**「バーゲンセールでは、特売品を通常価格の半額で売るのを慣例としています」
> **秋山君**「そうでしたね」

　これまでのダイバース・マートのバーゲンセール用宣伝チラシのキャッチコピーを思いだしながら、秋山君は相槌を打ちます。

> **木村商品仕入課長**「お客さんも特売品を半額で買えるのを期待しています。万能醤油1Lも通常価格の5割引で販売します。つきましては、納品価格も通常の半額にしていただけたら嬉しいのですが…」

　これに秋山君、2度目のビックリ

> **秋山君**「いつもの半額ですか…」
> **木村商品仕入課長**「そうです、いかがでしょうか？」

しばらく沈黙した後、

> **秋山君**「納品量のこともありますので、会社に戻って確認します。納期
> 　と納品価格については明日中に返事を申し上げるということでよ
> 　ろしいでしょうか？」

　"良い返事を待っています" という木村商品仕入課長の激励を背中に聞きながらダイバース・マートを後にする秋山君です。

　帰りの道すがら「今月末までに 20,000 本か、しかも半額で…。これを課長に報告して叱られないだろうか…」、心配になる秋山君です。

2　特売品は儲かる？

　秋山君は、早速、訪問の結果を井上課長に報告しました。井上課長の反応はというと、

> **井上課長**「そうか、よくやった。納期のことは工場に確認しておくから、採算を上田主任と確認してくれ」

　井上課長はすぐに主任の上田女史を呼んで事情を話し、"万能醤油はいくらで売れば採算がとれるのか、半額で納品しても利益が出るのかを秋山君と検討するように" と指示しました。

　経理課から万能醤油の製造原価の情報を入手し、秋山君と上田女史は会議室に移動しました。

上田女史「経理課から入手した万能醤油の原価情報に基づいて、万能醤油 20,000 本をいつもの半額で販売した場合に、会社は儲かるのか否かを検討しましょう」

秋山君「よろしくお願いします」

上田女史「経理課から入手した情報によると、我が社の万能醤油 1L サイズ 1 本当たりの原価と販売価格（1,000 円）は、このようになっているわ」

と言いながら、上田女史がホワイトボード上に書き出した内容は、以下のとおりです。

直接材料費（大豆、小麦、食塩）	370 円
直接労務費	90 円
製造間接費（減価償却費、電気代など）	140 円
製造原価合計	600 円
販売費・管理費・財務費用	100 円
総原価	700 円
期待利益	300 円
販売価格	1,000 円

上田女史「販売価格は、製造原価、販売費や管理費および財務費用、そして期待利益で構成されるのよ。そして製造原価は直接材料費、直接労務費、製造間接費で構成されるわ」

秋山君「直接材料費や直接労務費は商品の生産量に比例して増減するけど、製造間接費や販売費・管理費・財務費用は、毎期一定額が発生すると考えていいのですね」

上田女史「そうよ」

3　増える売上高と原価

> **上田女史**「今回の万能醤油 1L、20,000 本の注文は、通常の納品価格
> 　　　　　1,000 円の半額なので、1 本当たり 500 円ね」
>
> **秋山君**「1 本当たり 500 円では、期待利益が確保できないばかりか、上
> 　　　　記の製造原価 600 円よりも 100 円低い金額ですね。この注文を
> 　　　　受けると会社は損をするように思えるけれど…?」
>
> **上田女史**「じゃ、この特別注文を受けることによって増える売上高と増
> 　　　　　える原価を調べてみましょう」
>
> **秋山君**「はいわかりました」
>
> **上田女史**「もしこの特別注文を引き受ければ会社の売上は 20,000 本×
> 　　　　　1 本当たり 500 円で 1,000 万円増えるわ。同時に直接材料費、
> 　　　　　直接労務費も増えるね。でも、製造間接費、販売費・管理費・財
> 　　　　　務費用は毎年一定額しか発生しないので、今回の注文を受けても
> 　　　　　増えないわ」
>
> **秋山君**「そうですよね」
>
> **上田女史**「もし、増える売上が、増える直接材料費や直接労務費を上回
> 　　　　　るのであれば、会社の利益は増えることになるわ。」

と言って、ホワイトボードに何やら書き始めました。

> **上田女史**「これが、今回の注文で増える売上と増える直接材料費と直接
> 　　　　　労務費の比較よ」

	1 本当たり	20,000 本
増える売上	500 円	10,000,000 円
増える原価		
直接材料費	370 円	7,400,000 円
直接労務費	90 円	1,800,000 円
合　　計	460 円	9,200,000 円
増える利益		800,000 円

秋山君「あぁ、利益は増えるんだ」

上田女史「そうよ、たとえ納品価格が1本当たり500円でも、我が社は80万円の利益を得ることができるのよ」

秋山君「これは例月の売上4,000本から得られる利益、すなわち4,000本×1本当たり期待利益300円で120万円の67％に該当します。すごいですね！」

この検討の結果を、さっそく、井上課長に報告します。

井上課長「そうか、採算がとれるか？」

秋山君「はい、あとは納期が間に合うかどうかですね？」

　ちょうどそこに、工場から電話がありました。それによると"工場における万能醤油の生産ラインの1か月の生産能力は80,000本で、現在の稼働率は70％前後であり、今月末までに20,000本を追加で生産することは十分に可能である"とのことでした。

　以上の情報に基づいて、万能醤油1Lサイズ20,000本の注文を受けるこ

とが営業部長によって承認されました。

　この結論をダイバース・マートの木村商品仕入課長に伝える秋山君の声は弾んでいました。

付属解説

1　特別注文の受諾の判定

　ケース 2 で取上げたような、会社が日々行う継続的な事業とは別の一度きりの注文のことを、ここでは特別注文と呼びます。

　特別注文がある場合は、特別注文を受けるか、否かの選択になります。すなわち、特別注文を受けた場合、会社の利益は増えるか否かの検討になります。

　また、受注価格がいくらであれば受注可能なのかを検討する選択肢もあります。

2　受諾に際しての留意点

　特別注文を受けるか否かを決定する際は、生産設備に特別注文品を生産する余力があるか否かを確認する必要があります。

　もし通常品の生産に生産能力の 100％を使用している場合において特別注文を受注すると、特別注文品を生産するために通常品の生産を中止しなければなりません。その場合、生産を中止した通常品の生産によって得られる利益を失うことになります。

　この失う利益は、特別注文を受けることによって得られる収益（ケース 2 の例では、増える売上 1,000 万円）から控除する（もしくは、特別注文を受けることによって「増える原価」に加算する）必要があります。そして、それでも利益が増えるか否かを検討する必要があります。

　特別注文を受注するか否かを決定する際に留意しなければならに点がもう1つあります。それは特別注文が通常の生産品の販売量に悪影響を与えないこと、あるいは通常品の販売価格の低下を招かないことです。

　もし通常品の販売数量や販売価格の低下を招く場合は、通常品の販売によって得られていた利益を失うことになります。したがって、これによって失う利益は、やはり特別注文を受けることによって得られる収益から控除（もしくは、特別注文を受けることによって「増える原価」に加算）して、利益が増えるか否かを検討する必要があります。

ケース3：「営業部員を増やして…？」

1　順調な売上

　納品価格を3,600円に引き下げた結果、ダイバース・マートとの"ツヤ姫"の取引は順調に伸び、ついに先月は月5,500袋になりました。今日は、その結果と追加の値引金額の通知にダイバース・マートの商品仕入部を訪問している秋山君です。

> **秋山君**「先月の"ツヤ姫"の取引は5,000袋を500袋超えました。したがって追加の値引の金額は旧納品価格4,000円の3%で、1袋当り120円です。5,500袋では66万円になります」

と川上商品仕入部長と木村商品仕入課長に報告します。

　川上商品仕入部長はニコニコ顔で応えます。

> **川上商品仕入部長**「どうもありがとう。納品価格を10%引き下げていただいたおかげで、消費者への販売価格も10%引き下げることができました。もともと味には定評のある"ツヤ姫"でしたが、販売価格を引き下げたおかげで、販売量も伸びています」
> **秋山君**「今月はどれくらいの販売量を見込んでいますか？」
> **木村商品仕入課長**「今月は約6,000袋を見込んでいます。再来月には7,000袋は行くでしょう」
> **川上商品仕入部長**「納品が途切れないように、よろしくお願いします

> よ。7,000 袋に増えれば、配送はお宅から各店舗に直送していた
> だくことになると思います」
>
> **秋山君**「はい、わかりました。我が社の精米工場は、まだ生産能力に余
> 裕がありますので、7,000 袋の納品も大丈夫です」

秋山君の返答にうなずく川上部長と木村課長です。

> **川上商品仕入部長**「ところで話は変わりますが…。
> 　　　当社の担当は秋山さんですが、営業部員をもう 1 人追加して
> いただくことはできませんかね？」

と川上部長。

"なにか自分に不満があるのか"と心配になる秋山君です。

> **川上商品仕入部長**「秋山さんに不満があるわけではありません。秋山さ
> んには十分にやっていただいており、大変感謝しています。それ
> で私どもとしては、安心フーズさんとの取引をもっと拡大してい
> きたいと考えています」
>
> **秋山君**「取引拡大の検討をしていただいているとのことで、大変ありが
> とうございます」

ホッとする秋山君です。

> **川上商品仕入部長**「ついては、我が社との窓口になっていただける営業
> 　　　部員をもう 1 人増やしていただければ助かるのですが…？」
>
> **秋山君**「喜んで検討します。早速社に戻り上司と相談します」
>
> **川上商品仕入部長**「よろしくお願いします」

帰りの電車の中の秋山君の頭には、以下の疑問がグルグル渦を巻いていま

す。

- ✓ 営業員を 1 人増員すると、給料などの経費がいくら掛かるのかな？
- ✓ "ツヤ姫" の販売が増えると、いくら儲かるのかな？
- ✓ 営業部員を増員して採算がとれるのだろうか？

2　採算の検討

　会社に戻った秋山君は、ダイバース・マートが安心フーズとの取引拡大を検討していること、そのために営業部員の増員を依頼されたことを営業 3 課　井上課長に報告します。

井上課長「"ツヤ姫" の販売は、そんなに好調なのか？月 7,000 袋の販売見込みというと先月より 1,500 袋多くなるのか、年間で 18,000 袋の増加ということだな」

秋山君「月 7,000 袋の取引になったときは、"ツヤ姫" を各店舗へ直送することを希望しています。そうなると、注文の受付や配送の指示に人手が必要になると思いますが…」

井上課長「当然そうなるな…。するとわが営業 3 課も増員をしなければならないかな…」

2 人の話を聞いていた上田主任が横から口をはさみます。

上田女史「どれくらいコストが増えるのかしら？増員して営業 3 課の採算はとれるのかしら？」

井上課長「じゃ上田君、営業部員を増員した場合の採算の検討を秋山君と一緒にしてくれたまえ」

上田女史「はいわかりました。すぐかかります。秋山君、行きましょう」

そう言って、会議室に移動した2人です。

---

3 増える売上高

上田女史「まず、"ツヤ姫"の販売量が月1,500袋、年間18,000袋増えると、売上はいくら増えるのかしら?」

といいながら、以下の"ツヤ姫"の販売価格と原価の内容をホワイトボードに書き出した上田女史です。

直接材料費（玄米の購入代金))	2,400 円
直接労務費	100 円
製造間接費	500 円
製造原価合計	3,000 円
販売費・管理費、財務費用	200 円
総原価	3,200 円
期待利益	400 円
販売価格	3,600 円
3％の追加値引	（120）円
今の販売価格	3,480 円

上田女史「今の販売価格は 3,480 円よ」

秋山君「これ、どう見るんですか？」

上田女史「総原価までは、先日、秋山君が経理課の大石君からもらって
きた情報と同じよ。でも、"ツヤ姫"の販売価格は先々月から
10％値引したから、今は 3,600 円よ。期待利益は 400 円ね」

秋山君「さらに 3％の追加値引 120 円がありますよね？」

上田女史「ダイバース・マートとの間には、月 5,000 袋以上の"ツヤ
姫"を仕入れると 3％を追加で値引する契約があるわ。今後の販
売見込数量は 7,000 袋というから、間違いなく 3％の追加値引は
発生するわ。それを引くと、実質的な販売価格は 3,480 円にな
るということよ」

秋山君「なるほど。そうすると、総原価は 3,200 円だから、3,420 円の
販売価格では、1 袋当たり 280 円の儲けか。10％の値引前は 1
袋当たり 800 円の儲けだったのに、ずいぶん少なくなったな～」

上田女史「そう悲観することもないわよ。"ツヤ姫"の販売量は 1 年間
で 18,000 袋増えるのだから、増える売上高は 18,000 袋×1 袋
3,480 円で 6,264 万円よ」

秋山君「へぇ～、売上高が 6,264 万円も増えるのか、すごいな」

4　増える原価

上田女史「そう喜んでばかりもいられないわ。販売量が増えれば、その
製品を生産するための原価も増えるのよ」

秋山君「総原価は 3,200 円だから、製品 1 袋当たり 3,200 円の原価が
増えるのですか？」

上田女史「そうじゃないわ。製造原価のうち、直接材料費と直接労務費
は製品の生産量に比例して増えるけれど、製造間接費は、毎期一
定額しか発生しないわ。生産量が増えても変わらないということ

ね」

秋山君「つまり…？」

上田女史「そう、現在の生産量以上の"ツヤ姫"を精米・袋詰しても、かかるのは直接材料費2,400円と直接労務費100円、合計2,500円だけよ」

秋山君「すると、増える原価の総額は？」

上田女史「18,000袋販売すると追加で発生する直接材料費は2,400円×18,000袋で4,320万円、直接労務費は100円×18,000袋で180万円よ」

秋山君「営業部員を増やすとその人の人件費も増えますね」

上田女史「そうね」

秋山君「賞与込みで、年間400万円くらい見積もっておけばいいかな？」

上田女史「そうね。でもそれは本人の給与分だけでしょう」

秋山君「ほかにも何かあるのですか？」

上田女史「会社は給料以外に、社会保険料を負担しているわ。会社が負担する社会保険料は給料の額の約15％よ。そのほかに、従業員が1人増えれば様々な費用が発生するわ。例えば、パソコンの購入代とか、備品の支給代とかよ。通勤手当などもあるわ。これは給料の5％くらい見ておけばよいかな」

秋山君「そうすると給与の120％くらいの人件費が増えるということになりますね」

上田女史「そうね。金額にすると480万円ね」

"会社はいろいろな費用を負担しているんだな、自分の給料の額だけ考えていてはダメなんだな"とまた新たな学びがあった秋山君です。

5　儲けは増える？

上田女史「1 年間で 18,000 袋の販売量が増えた場合に、増える売上高と原価は以下のようになるわ。」

増える売上高	6,264 万円
増える原価	
直接材料費	4,380 万円
直接労務費	180 万円
営業員の人件費	480 万円
合　計	4,980 万円
増える儲け（差引）	1,284 万円

秋山君「ひぇ〜、すごい金額。営業 3 課の人員を 1 人増員しても、儲けが増えるんですね」

上田女史「そうね、早速、課長に報告しましょう」

秋山君「はい！」

元気よく会議室を後にする 2 人でした。

ケース4：「グレードアップした…？」

　営業3課に新しく加わった江波君を連れて、ダイバース・マートを訪問した秋山君です。

　さっそく川上商品仕入部長、九谷販売企画部長、木村商品仕入課長、駒田販売企画課長と名刺交換をする江波君です。

> **秋山君**「今度、私と一緒に御社を担当させていただくことになった江波君です。どうぞよろしくお願いします」
> **江波君**「江波と申します。どうぞよろしくお願いします」
> **川上商品仕入部長**「さっそくこちらの要望に応えて営業部員を増員していただき、ありがとうございます。江波さん、よろしくお願いします」

　"よろしくお願いします"木村商品仕入課長、九谷販売企画部長、駒田販売企画課長も声を揃えます。

> **川上商品仕入部長**「さあ、かたい挨拶はこれくらいにして、椅子に腰を下ろしてお茶でもお飲みください」

　ホッと一息ついた感じの江波君の姿を見て、自分の最初の営業シーンを思い出す秋山君です。

1　高級品の依頼

九谷販売企画部長「最近は消費者の健康に対する意識が高くなり、少々値段が張るものでも、健康に良いものを購入しようという人が増えているのです」

駒田販売企画課長「うちでも高級化路線を目指しているんですよ」

秋山君「具体的な企画をお持ちなのでしょうか？」

九谷販売企画部長「特に消費者の関心が高いのが無農薬、有機栽培です。無農薬、有機栽培で生産した野菜や果物を原材料にした食品の販売を企画しています」

川上商品仕入部長「今、安心フーズさんには万能醤油を納めていただいております。この高級化商品として、例えば、国内で無農薬で栽培した有機丸大豆、小麦、塩のみを使用した醤油を作ってもらうことはできませんか？」

秋山君「それには、無農薬で有機栽培の国産丸大豆を確保しなければなりませんね」

九谷販売企画部長「できれば、コクを出すために２年の長期熟成にしていただきたいのですが？」

秋山君「万能醤油は１年熟成ですから、その２倍ということになりますね。申し上げにくいのですが、ご要望にお応えするとコストがかさみ、納品価格も万能醤油よりも高くなりますが？」

九谷販売企画部長「先ほども申し上げたように、最近の消費者は"少々値段は高くとも、体に良いものを"という嗜好に移りつつあります」

川上商品仕入部長「当然ですが、万能醤油よりも高い価格で仕入れさせていただきますよ」

秋山君「承知しました。納品量はいかほどご希望でしょうか？」

川上商品仕入部長「当初は、月2,000本でお願いします。販売の様子

を見ながら引き上げていきたいと思います」

秋山君「了解です。無農薬、有機栽培の国産丸大豆を使用した高級醤油を月2,000本ですね。納品価格は後日持参しますので、ご検討ください」

川上商品仕入部長「ご提案いただけるまで、どれくらいの期間を待てばよいですか？」

秋山君「原材料の確保から検討しますので、3か月ほどいただけますか？」

川上商品仕入部長「わかりました。どうぞよろしくお願いします」

秋山君と江波君が帰った後のダイバース・マートの会議室です。

九谷販売企画部長「大丈夫でしょうかね？」

川上商品仕入部長「大丈夫だろう、秋山君はこれまでも、何度も我々の期待に応えてくれたよ」

九谷販売企画部長「そうですよね。期待して待ちますか？」

帰りの電車の中、秋山君は新しい注文に喜びながらも、頭の中は次の事でいっぱいです。

✓ 無農薬、有機栽培の国産丸大豆は無事に確保できるか？
✓ その他に必要な材料は何か？
✓ 2年熟成にした場合、原価はいくらになるか？
✓ 納品価格はいくらにすればよいのか？

そしたら江波君、意外なことをいいます。

江波君「僕の実家は山形県の蔵王高原にあります。そこの農家では、昔から無農薬、有機栽培を手掛けています。今では約20軒の農家が組合を作り、無農薬、有機栽培の多数の野菜を栽培していま

35

> す。大豆もあるかもしれません」
>
> **秋山君**「何、本当か？それはグッドニュースだ！」

少しは気分が晴れた秋山君です。

2　課長への報告

秋山君の報告を聞いた営業 3 課　井上課長はつぶやきます。

> **井上課長**「無農薬、有機栽培の丸大豆を使用した 2 年熟成の醤油か…」
>
> **秋山君**「はい。当初は、月 2,000 本の納品です」
>
> **井上課長**「熟成期間が 2 年という問題は工場で解決してもらえると思
> うが、問題は原料の確保だな？これも工場に行って相談してみる
> 以外にないかもな…」

そう言うと、さっそく上田主任を呼びます。

> **井上課長**「上田君、明日、秋山君と工場に行って、無農薬、有機栽培の
> 丸大豆の調達が可能か否か、確認してきてくれないか？」

3　工場訪問

　翌日、秋山君は、上田女史と一緒に工場にいました。昨日電話で要件を話
しておいたので、すぐに生産管理課の岡田係長に面会することができまし
た。

上田女史、秋山君「お忙しいところ申し訳ありません。今日はよろしく
お願いします」

岡田係長「無農薬、有機栽培の丸大豆を使った２年熟成の醤油の注文
を受けたんだって？」

秋山君「はい、当初は月 2,000 本の納品です。消費者の健康志向に伴っ
て、販売は確実に伸びるとダイバース・マートでは読んでいま
す」

岡田係長「まぁ～、そうだろうな！」

秋山君「ダイバース・マートの要望に合う商品の生産は可能ですか？」

岡田係長「２年熟成はいいとして、問題は国産の丸大豆の確保だな、し
かも無農薬で有機栽培の」

秋山君「そんなに大変なのですか？」

岡田係長「今の万能醤油は丸大豆ではなく脱脂加工大豆を使用してい
る」

秋山君「脱脂加工大豆ってなんですか？」

井上課長「脱脂加工大豆は、食用油の原料として油を搾った後のフレー
ク状の大豆だよ」

上田女史「万能醤油で脱脂加工大豆を使用しているのはどんな理由から
ですか？」

岡田係長「丸大豆を原料にした場合、加工途中で醤油油が発生するが、
これは捨てる以外にないのだよ。一方、脱脂加工大豆の場合は、
原料の価格が安いうえに、醤油油が少なく、醤油油の処理の手間
やコストが掛からないメリットがある。そのため、脱脂加工大豆
は手ごろな値段の普及品には欠かせない存在になっているのだ
よ」

上田女史「丸大豆と脱脂加工大豆を原料とした醤油では味に違いは出る
のですか？」

岡田係長「一言でいえば、丸大豆を原料とした醤油はまろやかで深みの
　　　　　ある味、脱脂加工大豆を原料とした醤油は切れのある味、という
　　　　　ところかな」

上田女史「どちらの人気が高いのですか？」

岡田係長「好き好きだろうな。ところで、話をダイバース・マートの要
　　　　　望に戻していいかな？」

上田女史「はい、お願いします」

岡田係長「現状では、醤油原料における丸大豆の割合は 25％に過ぎず、
　　　　　国産大豆となるとわずか 2.4％に過ぎない。更に無農薬、有機栽
　　　　　培の国産大豆となると生産農家を確保するのは至難の業かもしれ
　　　　　ない。ダイバース・マートの希望は月間 2,000 本だが、将来的
　　　　　には他のスーパーにも供給することになると思うから、少なくと
　　　　　も月間 5,000 本を生産するだけの原料を確保する必要があるだ
　　　　　ろうね」

秋山君「僕の同僚の実家が山形の田舎なのですが、そこでは昔から様々
　　　　　な種類の野菜を無農薬で有機栽培しているそうです。まずは、そ
　　　　　こを当たってみようと思います」

岡田係長「それは本当か、ぜひ当たってみてくれ。山形に行くときは、
　　　　　ぜひうちの課の人間も連れて行ってくれ。交渉役になると思う
　　　　　ぞ」

秋山君「それは心強いです。願ったりかなったりです。ぜひ、よろしく
　　　　　お願いします」

4　産地の確保

　1 週間後、秋山君は、岡田係長の部下と一緒に江波君の実家がある山形の
蔵王高原に来ています。江波君の実家で無農薬、有機栽培の組合長をしてい
る人を紹介してもらい、話を聞いています。
　話を総合すると、"安心フーズが希望するだけの大豆を蔵王高原の組合だ

けで供給するのは難しいが、山形県内の小国町の組合と協力すれば、国産丸
大豆醤油月間5,000本（年間60,000本）を生産する大豆の供給は可能"と
いう結論に達しました。

5　原価

その後、1か月間の交渉を経て、無農薬、有機栽培の大豆生産農家と大豆
の購入および価格（仕入値）について合意しました。

これをもとに、工場の生産管理課は、国産丸大豆醤油の原価を計算しまし
た。その結果を聞くために秋山君と上田女史は工場の生産管理課を訪れてい
ます。

岡田係長「これが国産丸大豆醤油1Lの原価と販売価格だ。参考まで
に、現在生産している万能醤油と比較している」

	万能醤油	国産丸大豆醤油
直接材料費（大豆、小麦、食塩）	370 円	700 円
直接労務費	90 円	180 円
製造間接費（減価償却費、電気代等）	140 円	0 円
製造原価合計	600 円	880 円
販売費・管理費・財務費用	100 円	0 円
総原価	700 円	880 円
1年分の利息（機会費用）		50 円
期待利益	300 円	300 円
販売価格	1,000 円	1,230 円

上田女史「国産丸大豆醤油の直接材料費は高いのですね」

岡田係長「なにしろ生産量が少ないから、仕入値も高くなるのは仕方が
　　　　　ないよ」

秋山君「直接労務費が万能醤油の 2 倍になっているのは何故ですか？」

岡田係長「醤油の製造工程では、桶に仕込んだ醤油麹を炉でかき回す作
　　　　　業を続けなければならない。その期間が万能醤油の 2 倍なので、
　　　　　直接労務費も 2 倍になる」

秋山君「なるほど。では、製造間接費と販売・管理費・財務費用がゼロ
　　　　なのは何故ですか？」

岡田係長「現在使用している生産設備や販売・管理施設を活用できるの
　　　　　で、国産丸大豆醤油を生産し始めたとしても、新たな負担が発生
　　　　　しない。そのため、これらはゼロにしてある」

上田女史「機会費用として 1 年分の利息がありますが、これは何です
　　　　　か？初めて聞く言葉です」

岡田係長「もし万能醤油を生産して販売すれば、1 年後には 1,000 円の
　　　　　販売収入を得ることができる。しかし国産丸大豆醤油は 2 年熟
　　　　　成するので、1 年後に 1,000 円が入手できない。もし入手できて
　　　　　いれば、これを使って収益を上げることができるが、これを見逃
　　　　　さざるを得ない。この得べかりし利益が機会費用の 1 年分の利
　　　　　息 50 円だ」

上田女史、秋山君「なるほど！」

秋山君「期待利益は 300 円ですが、これは万能醤油と同じということ
　　　　ですか？」

岡田係長「そうだ。万能醤油と同じ額だ。しかし我が社の規則では、販
　　　　　売価格の決定権は営業にあるから、期待利益と販売価格の最終決
　　　　　定はお任せするよ」

上田女史、秋山君「了解しました。その旨、営業 3 課の課長に報告し
　　　　　ます」

6　納品価格

　工場から帰った秋山君と上田女史は、原価計算の結果を井上課長に報告しました。これをもとにダイバース・マートに提案する国産丸大豆醤油の納品価格を決定します。

井上課長「工場で作った計算では期待利益は万能醤油と同じ 300 円になっている」

秋山君「そうです。万能醤油と同じ金額です。でも、販売価格の決定権は営業にあるので "期待利益と販売価格の決定は営業に任せる" とのことでした」

井上課長「我が社では、醤油の期待利益は販売価格の 30％を基本としている」

上田女史「ということは、…（考え中）。販売価格を 100 円アップして 1,330 円にすれば期待利益も 100 円アップし 400 円になります。ちょうど販売価格の 30％になります」

秋山君「万能醤油の 330 円増し、33％アップの販売価格か？大丈夫かな、ダイバース・マートは受け入れるかな？」

井上課長「我が社としても精一杯の努力をした結果だ。自信をもって提案してきなさい」

と背中を押され、ダイバース・マートに向かう秋山君です。

ケース 5 :「どちらを優先する…？」

　"ツヤ姫"の販売が好調です。当社は 5kg パックのみの販売でしたが、今では 5kg パックと 2kg パックの 2 種類を生産しています。どちらの商品の人気が高いかを調査するためにダイバース・マートを訪問している秋山君です。

1　5 v/s 2

　受付で来訪を告げると会議室に案内されました。まもなく商品仕入課の木村課長、販売企画課の駒田課長が現れたので、5kg パックと 2kg パックの売れ行きについて意見を交換し始めました。

秋山君「5kg パックと 2kg パック、どちらの人気が高いですか？」

駒田販売企画課長「若い世代、ファミリー層のほとんどは 5kg パックを購入します。しかし年配の方には 2kg パックの方が人気があります」

秋山君「何か理由があるのでしょうか？」

駒田販売企画課長「子供と同居している若い世代は食べる量が多いのと、年齢も若いので少々重い 5kg でも苦にならないのでしょうね。今の若い方は共働きの世帯も多いので、買い物の回数を減らせることも 5kg パックに人気がある理由の 1 つでしょう」

木村商品仕入課長「しかし、年配の方は食べる量も少なくなるし、体力

もなくなってきているので、持ち運びに便利な 2kg パックを買うことが多いようです」

秋山君「なるほど」

駒田販売企画課長「今後、高齢者の世帯が増え、単身者の若い人も増えていくでしょう。そうすると 2kg パックへの需要は増えることはあっても減ることはないと考えていますのよ」

木村商品仕入課長「そこで、今後は 2kg パックの納品を増やしてほしいのです」

秋山君「なるほど、2kg の生産を増やすように工場に話してみましょう」

駒田販売企画課長、木村販売企画課長「よろしくお願いします」

そう言ってダイバース・マートを後にした秋山君ですが、少し気がかりなことがあります。

- ✓ 小口の 2kg パックを増産する余裕はあるのだろうか？
- ✓ 2kg を生産して儲かるのだろうか？

会社に帰った秋山君、井上課長に報告です。

井上課長「工場長の話では、2kg パックを生産するようになって袋詰めする回数が増えたそうだ。精米の工程は余力はあるのだが、袋詰めして出荷する工程で混雑が発生しているらしい」

秋山君「では、2kg の増産は無理でしょうか？」

井上課長「いや、ここで結論を出すことはない。明日、工場に行って、岡田係長に "2kg パックに対する需要が伸びている" ことを話しなさい。岡田係長には、私から連絡しておくから」

秋山君「はいわかりました」

頼りになる井上課長です。

2　ボトルネック

秋山君「先日は、国産丸大豆醤油の件で教えをいただきまして、ありがとうございました。今日は、クライアントのご希望を伝えに参りました」

岡田係長「井上課長から大体は聞いている。"ツヤ姫"の 2kg パックをもっと増産してほしいそうだね」

秋山君「はい、そうです」

岡田係長「この工場では玄米を白米に精米して、5kg と 2kg のパックにして出荷している。作業工程はほぼ自動化されている」

秋山君「はい、知っています」

岡田係長「作業工程は大きく分けると張込・玄米精選工程、精米工程、精米精選工程、計量包装工程の 4 つに分かれる」

秋山君「なるほど」

岡田係長「現在の需要見込みは、5kg パックは月間 52,000 袋、2kg パックは月間 60,000 袋だ。他の工程はこの需要を満たす量を余裕をもって加工できるが、問題は計量包装工程だ」

秋山君「といいますと？」

岡田係長「計量包装に要する時間は、5kg で 1 分、2kg で 20 秒だ」

秋山君「ということは、5kg パックを月間 52,000 袋を計量包装すると 52,000 袋×1 分で 52,000 分、2kg パックを月間 60,000 袋を計量包装すると 60,000 袋×20 秒すなわち 1/3 分で 20,000 分だ。合計 72,000 分だから時間にすると…1,200 時間だ」

岡田係長「そう、需要をすべて満たそうとすると計量包装の機械を

> 1,200 時間稼働させなければならない。しかし、２交代制で稼働
> させても 1,000 時間が限界だ」
>
> **秋山君**「計量包装工程がボトルネックになっているわけです」
>
> **岡田係長**「5kg パックを月間 52,000 袋、2kg パックを月間 60,000 袋
> 生産するのは無理だから、どちらかの需要を切り捨てなければな
> らない」
>
> **秋山君**「そうですね」
>
> **岡田係長**「5kg と 2kg パックの１袋当たりの販売価格と直接材料費・
> 直接労務費、そしてその差額は以下のようになっている」

	5kg パック	2kg パック
１袋当たり販売価格	3,600 円	1,500 円
１袋当たり直接材料費、直接労務費	2,500 円	1,100 円
１袋当り製造間接費	500 円	200 円
差　　額	600 円	200 円

> **岡田係長**「これで見ると、5kg パックの方が１袋当たりの儲けが大き
> い。だから 5kg パックを優先的に生産し、残りの時間で 2kg パッ
> クを生産すべきのように思うのだか、正直、判断に迷っているの
> だよ。せっかく工場まで来てもらったのに、役に立てなくて悪い
> な〜」
>
> **秋山君**「大丈夫です。現状はわかりましたし、本社の経理課にこういう
> 数字に強いのがいますので相談してみます」
>
> **岡田係長**「そうか？そりゃよかった。結論がでたら私にも教えてもらえ
> ないかな？」
>
> **秋山君**「もちろんです。任せてください」

肩の荷が下りた表情を見せた岡田係長でした。

3　経理課 大石君　再び

　本社に戻った秋山君、同期入社で飲み仲間の大石君に電話し、岡田係長の
悩みを話します。

> **大石君**「わかったよ。"リソースに制約がある場合の選択" の問題だな」
>
> **秋山君**「"リソースに制約がある場合の選択"？なに、それ？」
>
> **大石君**「詳しいことは会ったときに話をする。明日 9 時半に経理課の
> 　　　　　会議室に来てくれないか」
>
> **秋山君**「わかった。明日、よろしく頼むよ。…ところで、今夜、空いて
> 　　　　　いる？」

　大石君に異存があるはずはりません。

　それでも明日のことがあるので、今夜は早々と打ち上げた分別ある 2 人
です。

4　収益性の判定

　あくる日です。

> **大石君**「おはよう」
>
> **秋山君**「おはよう、今日はよろしく頼むよ」
>
> **大石君**「任せておけ。早速だが、5kg パックと 2kg パックの販売価格、
> 　　　　　製造原価の内容、機械加工時間のデータを見せてくれないか」

　昨日、岡田係長から入手したデータを大石君に渡す秋山君です。

秋山君「これが 5kg パックと 2kg パックの販売価格と製造原価の内容だよ」

大石君「なるほど。このうち製造間接費のデータはいらない」

秋山君「なぜだい？」

大石君「直接材料費と直接労務費は、材料の消費量や作業時間を手掛かりに製品に紐づけられる原価だ。言い換えれば生産量が増えれば増加し、減れば減少する原価だ。これに対して製造間接費は毎期一定額発生する原価で、設備を増強するなどの大幅な生産体制の変更がない限り、何をいくら生産しようが、その期間に発生する額に変化はない」

秋山君「それで？」

大石君「販売価格から直接材料費と直接労務費を引いた金額を貢献利益というが、貢献利益が大きいほど会社の利益は大きくなる」

秋山君「なぜだい？」

大石君「製造間接費は、生産量にかかわりなく一定額だから、販売価格から直接材料費と直接労務費を控除した金額、すなわち貢献利益が大きければ、商品の生産・販売によって得られる利益も大きくなる。表にすると以下のようになる」

```
      販売価格
  －   直接材料費
  －   直接労務費
      貢献利益
  －   製造間接費（一定）
      利　　益
```

秋山君「なるほど」

大石君「5kg パックと 2kg パックの販売価格、直接材料費と直接労務

費、貢献利益、そして機械加工時間を一覧にすると以下のようになる」

	5kg パック	2kg パック
1袋当たり販売価格	3,600円	1,500円
1袋当たり直接材料費、直接労務費	2,500円	1,100円
差　額（貢献利益）	1,100円	400円
機械加工時間	1分（60秒）	20秒

大石君「次に、ネックになっている計量包装機械の加工時間だ。マーケットの需要見込量である5kgパックを月間52,000袋を計量包装すると52,000分、2kgパックを月間60,000袋を計量包装すると20,000分、合計72,000分になる。しかし、実際の機械の稼働可能時間は1,000時間、つまり60,000分が限界ということでいいね」

秋山君「そのとおりだよ」

大石君「したがって、5kgパックか、2kgパックのいずれかの需要見込みを切り捨て、生産量を減らさなければならない」

秋山君「そいうこと。だが、どちらを縮小すべきか、工場でも判断に迷っているそうなんだ」

大石君「常識的には、収益性が高い商品の生産を優先し、収益性が低い商品の生産を縮小するのが自然だ」

秋山君「先ほどの説明では、貢献利益が大きければ会社の利益も大きくなるということだったけど？」

大石君「そうだよ」

秋山君「5kgパックの貢献利益は1,100円、2kgパックの貢献利益は400円、5kgパックの方が貢献利益が大きいから、5kgパックの生産を優先すべきということになるのかな？」

5　リソース 1 単位当たりの貢献利益

大石君「一般的にはそのとおり。しかし本件の場合のように、リソース
　　　　に制約がある場合は、制約があるリソース 1 単位当たりの貢献
　　　　利益の大きさが収益性の高低を示すんだよ」

秋山君「"リソースに制約がある" というのはどういうことだい？」

大石君「リソースというのは使用できる資源のことで、制約があるとい
　　　　うのは使える量に上限があるということだよ」

秋山君「すると本件の場合は、計量包装機械の稼働可能時間が "制約が
　　　　あるリソース" ということになるんだね」

大石君「そのとおり。そして、制約があるリソース 1 単位当たりの貢
　　　　献利益は、以下の算式で求めるんだ。

　　　　商品 1 個当たりの貢献利益 ÷ 商品 1 個を生産するのに必要
　　　　　　　　　　　　　　　　　　なリソース量

　　　　先ほど作ったデータをもとに、制約があるリソース 1 単位、
　　　　このケースでは機械加工時間 20 秒当たりの貢献利益を計算する
　　　　と、以下のようになる」

	5kg パック	2kg パック
1 袋当たり貢献利益	1,100 円	400 円
機械加工時間	1 分（60 秒）	20 秒
機械加工時間 20 秒当たりの貢献利益	367 円	400 円

秋山君「これだと、2kg パックの方が機械加工時間 20 秒当たりの貢献

利益が大きい！」

6　優先的に生産するのは？

大石君「そのとおり。したがって、2kg パックの方が収益性が高いということになるから、2kg パックの生産を優先させると、会社の利益は最大になるということだ」

秋山君「ということは？」

大石君「計量包装機械の稼働可能時間 1,000 時間、すなわち 60,000 分のうち、まず 20,000 分を稼働させて 2kg パックの販売見込数量 60,000 袋を生産し、残りの稼働可能時間 40,000 分を使用して 5kg パックを生産する。

　　5kg パック 1 袋を計量包装するには 1 分の機械稼働時間が必要だから、40,000 分÷1 分で 40,000 袋を生産することになる」

秋山君「なるほど。そうするといくらの利益になるのかな？」

大石君「先ほどの 1 袋当たり貢献利益に、2kg パック 60,000 袋、5kg パック 40,000 袋を乗じると、以下のように月間の貢献利益は 5,380 万円になる」

	5kg パック	2kg パック	合　　計
1 袋当たり貢献利益	1,100 円	400 円	―
月間生産量	40,000 袋	60,000 袋	―
月間貢献利益	44,000,000 円	24,000,000 円	68,000,000 円

秋山君「なるほど、ところで、この貢献利益は 5kg パックを優先的に生産した場合よりも本当に大きいのかな？」

大石君「検証してみよう」

秋山君「いいね！ぜひ見てみたい」

大石君「5kg パックを優先して、需要見込み量の 52,000 袋を生産する
　　　　と、計量包装機械を 52,000 分稼働しなければならない」

秋山君「残りの稼働可能時間は 8,000 分だ」

大石君「この 8,000 分を使って 2kg パックを生産する。2kg パックの
　　　　生産には 1 袋 20 秒の稼働時間が必要だから 1 分間に 3 袋生産で
　　　　きる。8,000 分では 24,000 袋の生産が可能だ」

秋山君「両方合わせた貢献利益の額は…」

大石君「つぎのように、6,680 万円になる」

	5kg パック	2kg パック	合　　計
1 袋当たり貢献利益	1,100 円	400 円	―
月間生産量	52,000 袋	24,000 袋	―
月間貢献利益	57,200,000 円	9,600,000 円	66,800,000 円

秋山君「2kg パックを優先的に生産する方が月間の貢献利益の額は 120
　　　　万円多いね」

大石君「納得したかい？」

秋山君「納得した〜！」

　この結果を井上課長に報告した秋山君は、工場の岡田課長にも報告します。

　その後、この計算の結果は取締役会に報告され、会社の方針として 2kg
パックの生産を優先することが決定されたのです。

付属解説

　通常、生産会社は複数の生産プロセスを有しています。もし、これらの一連の生産プロセスの中で、あるプロセスが 100％の稼働率になっている場合は、他のプロセスに余裕があっても、これ以上、生産量を増やすことはできません。

　この 100％稼働のプロセスはボトル・ネックと呼ばれ、工場全体の生産能力を制約する要因になります。

　もし制約がない場合は、商品 1 個製造すると増加する原価（直接材料費や直接労務費）を販売価格が上回るすべての商品を生産することによって、会社の利益を最大化することができます。

　しかしボトルネックがある場合は、その生産能力をどのように使用するかを決定しなければなりません。

　例えばケース 5 で取りげたように、複数の商品を生産できる機械の稼働時間に上限がある場合、会社の利益を最大化するために、この機械を使ってどの商品を優先的に生産するのか、どの商品の生産をあきらめるのかを決定しなければなりません。

　結論からいえば、制約があるリソース 1 単位当たりの貢献利益が最大になる商品の生産を優先することによって、会社の利益を最大化することができるのです。

ケース６：「新商品の価格…？」

　江波君が加わってから、秋山君がダイバース・マートに顔を出す機会は少なくなりましたが、その分、新しい提案を求められることが多くなりました。

１　夏の新商品

　今日は夏用の新商品の件で、木村商品仕入課長および駒田販売企画課長と打ち合わせです。

木村商品仕入課長「夏は、どうしても売上が伸びません」

駒田販売企画課長「"にっぱち"という言葉があるくらい、２月と８月は売行きが悪いのが悩みの種ですの。そこで、今年から、何か、夏の目玉になるものを販売したいと考えています」

秋山君「どのようなものをお考えですか？」

木村商品仕入課長「夏は暑いので、冷たいものはどうかと考えています」

秋山君「冷たいものですか？冷たい飲み物でも？」

木村商品仕入課長「飲み物もいいのですが、もっとインパクトのあるものがほしい。季節限定商品でもいいのです」

駒田販売企画課長「最近は、複数の食材をブレンドしたものに人気がでています。物珍しい商品はインパクトがありますね」

> **秋山君**「なるほど。実は、今、我が社では、そうめんに他の材料を練り込んだものを開発しようとしています」
> **木村商品仕入課長**「ほう？」
> **駒田販売企画課長**「どのようなものでしょうか？」
> **秋山君**「夏ですから、さわやかな味に仕上げたいと考えています。梅を練り込んだそうめんも検討材料に上がっています。ピンク色に仕上がり、きれいだと評判です」
> **駒田販売企画課長**「えっ、梅を練り込んだそうめん？面白そうですね」
> **秋山君**「今度試作品を持ってきましょう」
> **木村商品仕入課長**「よろしく頼みます」
> **駒田販売企画課長**「楽しみですわ！」

　帰路に就いた秋山君ですが、"先走ったかな"と心配になってきたのも事実です。梅を練り込んだそうめんは、ほぼ開発は終わっているのですが、まだ製造原価や広告宣伝費の額など、詳細は決まっていないのです。

2　製造原価

　安心フーズの営業部は1課から3課まであります。各課は、この夏用に新商品の発売を計画しています。
　営業3課は、南高梅の産地と共同で、南高梅を練り込んだそうめんの販売を計画しています。開発チームは"梅のすっきりした味が暑い夏にぴったり"とにらんでいます。問題は販売価格です。今日も秋山君と上田女史、井上課長が議論しています。

> **井上課長**「今、開発チームから届いた製造原価の情報だ」

と言って、1枚の用紙を広げます。そこには、以下の記載があります。

```
          南高梅入りそうめん 200g 10 束の製造原価

     直接材料費                    1,000 円
     直接労務費                      500 円
     製造間接費                      300 円
     合    計                    1,800 円
```

上田女史「200g 10 束を製造すると増加する原価は、直接材料費と直接労務費、合計 1,500 円ね」

秋山君「製造間接費は増加しないのですか？」

上田女史「製造間接費は、毎期一定額発生する原価を製品 1 単位ごとに配賦したものにすぎないわ。南高梅入れそうめんを製造しても、製造間接費の年間の発生額が増加するわけではないわ」

秋山君「なるほど」

井上課長「ところで、輸送費はどれくらいかかるかね？」

秋山君「10 束を 1 パックとして販売すると、1 パック当たり輸送費は約 100 円です」

井上課長「新商品の発売だから広告宣伝費も必要だろう」

秋山君「以前、万能醤油の CM を作成した広告代理店に照会したところ、南高梅入りそうめんの CM も同じ 2,000 万円くらいとのことです」

3　販売価格

井上課長「そうか、次は販売価格をいくらにするかだな？」

上田女史「広告代理店の情報をもとに経営企画課で販売価格と販売数量の予測を作っているわ」

秋山君「どんな予測が出ているんですか？」

上田女史「200g 10束入りで、販売価格が2,400円の場合は6-9月の4か月で4万パックの販売予測よ」

井上課長「他の予測はないのかい？」

上田女史「同容量で販売価格が3,000円の場合は2万パックという予測があります」

秋山君「当然だけど、販売価格が安い方が販売数量は増えるんですよね」

井上課長「そうだろう。だけど、どっちの販売価格の方が利益が多くなるのかね？詳しく計算してみようじゃないか」

秋山君「増える収益と増える原価の比較ですね」

上田女史「そうよ、以前もやったことあるでしょ」

秋山君「万能醤油の特別注文のときですね」

上田女史「そうよ。それを思い出してみましょう。増える収益は販売量に販売価格を掛ければ簡単に計算できるわ。増える原価は直接材料費と直接労務費、それと配送料ね。広告宣伝費も増えるわよ」

秋山君「販売価格が2,400円のときは4万パック売れる。1パック当たりの収益と原価の差額は、販売価格2,400円－直接材料費と直接労務費1,500円－輸送費100円で、800円になります。これが4万パック売れると増える儲けは3,200万円、広告宣伝費がおおよそ2,000万円だから、利益は1,200万円になります」

井上課長「……」

上田女史「そうね。3,000円のときは2万パック売れる。1パック当たりの収益と原価の差額は、販売価格3,000円－直接材料費と直接労務費1,500円－輸送費100円＝1,400円ね。これが2万パック売れると増える儲けは2,800万円、広告宣伝費2,000万円を引くと、800万円の利益になります」

秋山君「つまり、値段を2,400円にして4万パック売った方が儲かる

　ということか？」

井上課長「よし、今年は最初の年だし、販売を促進する意味でも 2,400
　　　円で販売するとするか？」

秋山君「はい、わかりました。さっそくダイバース・マートに伝えま
　　　す」

ケース 7：「新しい設備…？」

　"ツヤ姫"は 5kg パックと 2kg パック、両方とも販売好調です。ダイバース・マートを訪問し、商品仕入課の木村課長、販売企画課の駒田課長と 5kg パックと 2kg パックの売れ行きについて話をしています。そこに商品仕入部の川上部長と販売企画部の九谷部長が現れます。

1　うれしい悩み

九谷販売企画部長「秋山さん、何時も来訪いただきありがとうございます」

秋山君「いえ、礼には及びません。当然のことです」

九谷販売企画部長「実は今、川上部長と新製品の打ち合わせをしていたところだよ」

秋山君「どのような新製品をお考えですか？安心フーズでお役に立てることでしょうか？」

川上商品仕入部長「木村君と駒田君にも聞いていると思うが、最近は高齢世帯が増えているのみならず、若い人でも独身者の割合が増えている。"ツヤ姫"も 2kg パックの販売が伸びている」

九谷販売企画部長「今後、単身の高齢世帯も増えていくのは間違いない」

川上商品仕入部長「そういう世帯は、わざわざ炊飯器でご飯を炊くのを

面倒くさがる。"炊飯器に残ったご飯が干からびて、後始末にも
困る"とこぼす高齢者もいる」

九谷販売企画部長「我々の調査では、こういう人たちは炊飯済みの
"パック入りごはん"とお惣菜で済ますことが多い」

秋山君「よくわかります。私も時々そうしています」

一同「ワッハハハー」大爆笑です。

九谷販売企画部長「我々はこれまでも"パック入りごはん"を販売して
きたが、今後、大々的に販売を展開していこうと考えている」

秋山君「なるほど。いいかもしれませんね」

川上商品仕入部長「ところが、現在、"パック入りごはん"を製造して
いる会社の生産能力は限界で"これ以上生産量を増やすことはで
きない"と言ってきた。ついては、安心フーズさんに生産しても
らうわけにはいきませんか？」

秋山君「安心フーズは"ツヤ姫"の精米を精製していますので、"パッ
ク入りごはん"を生産することは十分に可能ですが…、それでも
炊飯設備やパッキングなどへの投資が必要になります」

川上商品仕入部長「もし、安心フーズさんにお願いできるのであれば、
それこそ安心です」

秋山君「投資を回収するには、それ相応の生産量を確保する必要があり
ます。ダイバース・マートさんはどれくらいの引き取りをご希望
ですか？」

川上商品仕入部長「200g入りパックで月間5万パックを考えていま
す。現在は1パック100円で仕入れています」

秋山君「わかりました。200g入りパックで月間5万パック、1パック
100円ですね。帰ったらさっそく検討して1か月以内に返事を致
します」

帰り道の秋山君。

- ✓ 炊飯設備やパッキングなどの設備にいくら初期投資すればいいのだろう？
- ✓ 設備の運営に掛かるランニング・コストいくらだろう？
- ✓ 投資は回収できるのだろうか？

2　再び工場訪問

帰社後、井上課長に報告すると、

> **井上課長**「お前は本当にいろいろ問題を持ち込むな！まあ、会社にとって悪い話じゃないからいいけど…」

といいながら、工場の生産管理課の岡田係長に連絡し、明日面会の約束をとってくれました。

　翌日工場を訪問した秋山君、正門の守衛に来訪を告げると、しばらくして岡田係長が迎えに来てくれました。

> **秋山君**「たびたびおじゃまして申し訳ありません」
> **岡田係長**「いやいや、気にすることはないよ。ところで今度は新規投資が必要な相談だって」
> **秋山君**「はいそうです。よろしくお願いします」
> **岡田係長**「じゃ、会議室に行こうか？」

　2 人はホワイトボードを前に、会議室のテーブルに向かい合っています。

秋山君はダイバース・マートを訪問したときの話をはじめました。

3　お金の時間価値

一通り、秋山君の話を聞いた岡田係長が口を開きます。

> **岡田係長**「"パック入りごはん"をつくるとなると、炊飯設備やパッキング設備などが必要になる。そのための投資金額は億単位になるだろう」
>
> **秋山君**「そうですね」
>
> **岡田係長**「その設備を使って"パック入りごはん"をつくるには材料になる白米が必要だし、設備を動かす電気代などの費用もかかる」
>
> **秋山君**「はい。"パック入りごはん"の販売で何億円もの投資を回収するには何年かかるのかなと、正直、心配です？」
>
> **岡田係長**「投資を回収するとは現金収入が現金支出を上回ることだ。現金支出と現金収入にはどんなものがあると思う」
>
> **秋山君**「え～と、初期投資は現金の支出ですね。使用する白米や電気代などの支払いも現金の支出ですね。これに対し"パック入りごはん"の販売代金は現金収入になります」
>
> **岡田係長**「そのとおり。しかしこれらの現金支出と収入は同時に起きるわけではない。設備への初期投資はすぐに起こるが、白米や電気代などの支払いは、その後の何年かにわたって起こる。販売代金の回収も同じだ。すなわち、これらの現金支出と収入には時間的なズレがある。
>
> 　この時間的なズレがあるために、1年後、3年後、5年後の1円の価値は、今日の1円と同じではなくなる」
>
> **秋山君**「どういうことですか？」
>
> **岡田係長**「今の銀行預金の利率は微々たるものだが、仮に利率5%の条件で1,000円を銀行に預ければ、1年後には1,050円を得ること

61

ができる。すなわち、1 年後の 1,050 円は今の 1,000 円と同じ価
値になる。

　言い換えれば 1 年後の 1,000 円は今の 1,000 円よりも価値が
低いことになる。ちなみに、1 年後の 1,000 円の価値は、1,000
円÷（1 ＋ 0.05）の算式で、今の 952 円に相当することになる。
これを現金の時間価値という」

秋山君「なるほど。これまで考えたことがなかったな！」

岡田係長「これが現金の時間価値の表の一部だ」

と言って、下記の表をホワイトボードに書いてくれました。

現金の時間価値

年数	利　　　率					
	4%	5%	6%	7%	8%	9%
1	0.962	0.952	0.943	0.935	0.926	0.917
2	0.925	0.907	0.890	0.873	0.857	0.842
3	0.889	0.864	0.840	0.816	0.794	0.772
4	0.855	0.823	0.792	0.763	0.735	0.708
5	0.822	0.784	0.747	0.713	0.681	0.650
6	0.790	0.746	0.705	0.666	0.630	0.596

岡田係長「この表では、利率が 5%の場合、1 年後の 1 円は今の 0.952
円に、2 年後の 1 円は今の 0.907 円に相当することを示してい
る。この表から明らかなように、利率が高くなるほど、または年
数が長くなるほど、1 円の価値は低くなる」

秋山君「ひぇ～、びっくりです」

4　投資支出と将来の収入

岡田係長「すでに言ったように、現金には時間価値があるので、初期投資の現金支出と、"パック入りごはん"の販売代金である将来の現金収入、そして使用する白米や電気代などの支払いである将来の現金支出は、数字は同じでも価値は同じではない」

秋山君「はい、わかります」

岡田係長「そこで、投資の回収可能性を検討する際は、まず、将来の収入と支出の現在時点での価値、すなわち現在価値を計算する。次に、将来の現金収入の現在価値と、初期投資額および将来の現金支出の現在価値の合計とを比較する。そして、前者が後者を上回る場合に、"投資を回収できる"と判定する」

秋山君「そうすると、投資の回収可能性を検討するには、初期の投資額、将来の白米や電気代などの支払金額、将来の"パック入りごはん"の販売代金が必要になりますね」

岡田係長「そのとおり。しかも、年数が長くなれば現在価値は小さくなるのだから各年度ごとの金額が必要になる」

秋山君「そうですね」

岡田係長「ダイバーズ・マートは、200g入りで月間5万パック、1パック100円で引き取るということだから、これをもとに投資が回収できるか、採算を検討してみよう」

秋山君「ありがとうございます」

岡田係長「炊飯設備やパッキング設備などへの投資金額の見積もりも必要だから、来週、もう一度来てもらっていいかな？」

秋山君「もちろんです。よろしくお願いします」

丁寧にお礼を言って工場を後にする秋山君です。

5　採算の検討

1週間後、秋山君は再び工場を訪問し、岡田係長と向かい合っています。

> **岡田係長**「さっそく始めようか？」
>
> **秋山君**「よろしくお願いします」
>
> **岡田係長**「まず、投資と年間収支に関する基礎データだ」

と言って、以下のデータを示しました。

（投資に関するデータ）

設備投資（年間100万パック対応）	100,000,000 円
4年後の修繕費支出	5,000,000 円
6年後の設備のスクラップ価値	1,000,000 円

（パックごはん事業の年間現金収支）

販売代金収入	60,000,000 円
運営費支出	
白米代金	27,000,000 円
パック代金	1,800,000 円
その他経費支出	10,200,000 円
合　　計	39,000,000 円

> **秋山君**「最初の設備投資額は1億円ですか！やはり億ですね。ところ
> で4年後の修繕費支出とは何ですか？」
>
> **岡田係長**「4年後に設備の修繕が必要になると見込まれる。その費用だ」
>
> **秋山君**「6年後のスクラップ価値というのは？」

岡田係長「設備は永久に使用できるわけではない。6年後には更新が必要になると見込まれる。その設備を廃棄し、スクラップとして処分した場合の売却代金だ」

秋山君「販売代金収入6,000万円というのは、月間販売量5万パックで年間60万パック、1パック100円でダイバース・マートに販売した場合の代金ですね」

岡田係長「そうだよ」

秋山君「白米代金2,700万円はどう計算されたのですか？」

岡田係長「200gのパックご飯を作るには、90gの白米が必要だ。60万パックでは60万×90gで54,000kgの白米になる。我が社の白米5kgの直接材料費と直接労務費は2,5000円だから、1kg当たりでは500円になる。54,000kgでは54,000kg×500円で27,000,000円になる」

秋山君「なるほど。パック代金は1パック3円、60万パックで180万円ということですか？」

岡田係長「そのとおり」

秋山君「その他経費は何ですか」

岡田係長「加工に携わる工員の人件費、炊飯に掛かる電気代や水道代、パック入りごはんの輸送費などだ」

秋山君「わかました」

岡田係長「次は現在価値の計算だ。設備投資1億円は現在の現金支出だから、現在価値そのものだ。4年後の修繕代金500万円と年間の運営費支出3,900万円は将来の現金支出だから、現在価値を計算しなければならない。

年間6,000万円の販売代金と、5年後に設備をスクラップとして売却した際の代金100万円は将来の現金収入だから、やはり現在価値を計算しなければならない」

と言って示してくれたのが下記の表です。

> **岡田係長**「この表のカッコ書きの数字は現金支出を示している。そうで
> ないのは現金収入だ」

パック入りごはん事業の現金収支の現在価値

(単位：百万円)

	現在	1年	2年	3年	4年	5年	6年	合計
設備投資	(100)							(100)
販売収入		60	60	60	60	60	60	360
運営費支出		(39)	(39)	(39)	(39)	(39)	(39)	(234)
修繕費					(5)			(5)
スクラップ代							1	1
合　計	(100)	21	21	21	16	21	22	22
利率（5%）	1.000	0.952	0.907	0.864	0.823	0.784	0.746	
現在価値	(100)	19.992	19.047	18.144	13.168	16.464	16.412	3.227

合計 103.227 百万

> **秋山君**「この表では、各年の現金収入と現金支出を現在価値に計算する
> のではなく、両者の差額の現在価値を計算していますが、どうし
> てですか？」
>
> **岡田係長**「な〜に、単純だ。各年の現金収入と現金支出の現在価値を
> 別々に計算すると手数が掛かるので、両者を相殺した金額の現在
> 価値を求めているのだよ」
>
> **秋山君**「なるほど。それで結論は、どうなるのですか？」
>
> **岡田係長**「1年目から6年目までは、現金収入が現金支出を上回ってお
> り、その現在価値の合計は103.227百万円になる。これは、最
> 初の設備投資の金額100百万円（1億円）を上回る。すなわち投
> 資を回収できる、言い換えればこの投資は採算が取れるという結
> 論になる」
>
> **秋山君**「ほんのわずかですが、将来の現金収入の現在価値が最初の設備
> 投資の額を上回るということですか？」

岡田係長「この計算ではそうなる。しかし、この設備は最大100万パックまで増産可能だ。2年目、3年目、あるいは5年目、6年目にダイバース・マートからの注文が増えるか、他のスーパーからの注文が入れば、現金収入の現在価値も増加し、採算はさらに向上する」

秋山君「そうですか！ありがとうございます。帰って、さっそく課長に報告します」

本社に帰った秋山君は、課長に報告します。

報告に課長も大喜びで、営業部長の承認をもらい、パック入りごはん事業への進出と生産設備に対する投資案件を取締役会に諮問する資料作りを始めました。

付属解説

1 投資に関する主な支出と収入

前述したように、多くのプロジェクト投資の意思決定では、現金の支出（初期投資額）と将来の現金収入の増加分を比較します。しかし、現金の支出は初期投資だけではありません。投資の後に、投資物件の維持のための支出が発生することがあり、またプロジェクトの終了後に投資物件の売却によって現金収入を得ることもあります。

したがって、プロジェクト投資の正しい意思決定のためには、プロジェクト投資に関連する支出と収入を漏れなく正確に識別する必要があります。プロジェクト投資に関連する主な支出と収入には以下のようなものがあります。

① 現金の支出

・設備と付随施設、および据付のための初期投資

・投資した設備の維持・修繕のための定期的な支出、および設備の運用の

67

　ための支出（いわゆるランニング・コスト）

② 　現金の収入

　・増加する収入、もしくは減少する支出（現金の収支という観点では、支出
　　の減少は収入の増加と同じ意味を持つ）

　・プロジェクトの終了時に設備を中古品もしくはスクラップとして売却し
　　た場合の収入（有害物や産業廃棄物の処理では、逆に、支出を強いられるこ
　　ともある）

2　現在価値の計算の前提

　将来の現金収入と現金支出を現在の価値（現在価値）に換算するにあたっ
ては、将来の現金収入と支出は各期間の最後に起こるものと仮定します。

　実際は、初期投資以降の現金収入と支出は期間を通して連続して起こりま
すが、現在価値への割引を簡単にするために、各期間の最後に起こるものと
仮定するのが一般的です。

　初期投資額は今の時点の支出ですから現在価値を示しているので、換算の
必要はありません。初期投資額をそのまま使用します。

3　現在価値への割引率

　将来の現金収入と支出を現在価値に換算する際の利率を割引率といいま
す。割引率には、通常、会社が利用する資金のコスト（資金コスト）を用い
ます。資金コストは、株主と長期資金の貸し手（銀行等）に支払う配当と利
息の利率の平均です。これらは、会社が株主や銀行の資金を使用することに
対して会社が支払う使用料の意味があります。

　例えば会社は、株主から10,000円の出資を受け、5％の配当を予定して
いるとします。同時に、銀行から利率4％で10,000円の長期資金を借りた
とします。この場合の支払配当金は500円、支払利息は400円になります。

　この場合の資金コストは、以下の算式により4.5％となります。

資金コスト ＝ （配当 500 ＋利息 400）

＜tab＞÷ （出資金 10,000 ＋借入金 10,000）

＜tab＞＝ 4.5％

ケース 8 :「コマーシャル…？」

　国産丸大豆醤油の納品価格の提案をしてから 2 年、最初の納品から 2 か月経ちました。国産丸大豆醤油の売れ行きを調査するためにダイバース・マートを訪問した秋山君です。
　商品仕入課の木村課長、販売企画課の駒田課長と国産丸大豆醤油の販売状況について意見交換をしています。

1　思ったよりも鈍い

秋山君「こんにちは、国産丸大豆醤油の売れ行きはどうですか？」

駒田販売企画課長「まあまあの売れ行きですが、正直言って、思ったより出足が鈍いというところでしょうか。まだ商品の知名度が低いようですわ」

秋山君「国産丸大豆醤油の優れている点がまだ消費者に理解されていないということでしょうか？」

駒田販売企画課長「はい、そのように思いますわ」

秋山君「国産丸大豆醤油の優れている点を消費者に認識していただくにはどうすればよいとお考えですか？」

駒田販売企画課長「やはり、テレビやインターネットでのコマーシャルではないでしょうか？」

秋山君「テレビやインターネットでのコマーシャルは、ダイバス・マー

トさんでもおやりになっているのではないですか？」

駒田販売企画課長「はい。でも、私どものコマーシャルは、お店そのものコマーシャルが中心ですわ。多くのメーカーの商品を取り扱っている関係上、個々の商品のコマーシャルは、なかなかやり難いのですのよ」

秋山君「それぁ、そうですよね！」

木村商品仕入課長「それで、国産丸大豆醤油の優れている点を消費者にアピールするコマーシャルを安心フーズさんにお願いできればうれしいのですが？もちろん、それ相応の負担はさせていただきます」

秋山君「なるほど。"相応の負担をお引きうけいただける"と申し出をいただきながら、コマーシャルはできませんとは言えません。いただいたお申し出を踏まえて、安心フーズ側でのコマーシャルの実施を検討させていただきたいと思います」

木村商品仕入課長、駒田販売企画課長「ありがとうございます」

秋山君「ところで、例えばテレビでコマーシャルした場合、どれくらい売上は伸びるとお考えですか？」

駒田販売企画課長「コマーシャルを打つ頻度と時間帯にもよりますが、これまでの経験では50％くらいは伸びると思いますわ」

秋山君「現在の納品量は月2,000本ですから、月3,000本くらいの販売量になると推測されているということでよろしいでしょうか？」

駒田販売企画課長「はい。そうです」

会社に帰る途中の秋山君ですが、気分は晴れません。以下の点が頭をグルグル回っているのです。

- ✓ 国産丸大豆醤油の優れている点をアピールするコマーシャルとは何だろう？
- ✓ コマーシャル・ビデオの制作と放送はなじみの広告代理店に依頼す

るとして、いくら位かかるのだろう？

✓ コマーシャルにお金をかけて元が取れるのだろうか？

帰社後、課長にダイバース・マートの希望を報告します。

> **井上課長**「テレビコマーシャルを打つならば、広告宣伝費以上の儲けがなければならない。広告宣伝費以上の儲けが我が社にあるのならば、ダイバース・マートの負担など必要ない。全額、我が安心フーズが引き受けるよ」
>
> **秋山君**「それでは、どうすればよいですか？」
>
> **井上課長**「広告宣伝部に相談してみよう。1時間したらもう一度来てくれたまえ」

一時間後、秋山君は井上課長に声をかけます。

> **井上課長**「広告宣伝部から連絡があった。あす10時に広告代理店の担当者がきてくれるそうだ。広告代理店では、コマーシャルで流したい商品の特徴、コマーシャル放送の時期、予算などについて知りたいそうだ。広告宣伝部の人にも立ち会ってもらうが、君にも同席してほしい。場所は広告宣伝部の会議室だ」
>
> **秋山君**「わかりました。明日、10時、広告宣伝部の会議室ですね」

2　広告代理店

　広告代理店との打ち合わせで、秋山君は、無農薬、有機栽培の国産丸大豆を使用した醤油の特徴を説明しました。

これを受けて議論し、以下を取り決めました。

- ・広告宣伝費の予算は 2,000 万円とする
- ・特徴をアピールするコマーシャルの内容、ビデオ制作、テレビとインターネットでの放送を一括して広告代理店に依頼する
- ・ビデオの内容と放送時間に関する提案書を 2 週間後に受け取る

3　コマーシャルの効果

　ダイバース・マートは、コマーシャルにより国産丸大豆醤油の販売量は 50％増加すると期待しています。安心フーズは、現在、複数のスーパーに国産丸大豆醤油を卸しています。今の月間販売量は合計 10,000 本です。テレビコマーシャルの効果はすべてのスーパーの販売に影響すると考えられるので、月間 5,000 本の販売が増えると期待されます。

　他方、テレビコマーシャルの費用は 2,000 万円が予定されています。果たして、テレビコマーシャルによる増収効果が費用を上回るのかどうか、コマーシャルの採算性を詳細に検討することになりました。担当は秋山君です。

　しかし秋山君、どのようにしてコマーシャルの採算性を判断していいのか、皆目見当がつきません。そこで“困ったときの大石頼み”です。さっそくスマホを取り出します。

　事情を話すと、

大石君「わかった。国産丸大豆醤油の販売価格と直接材料費、直接労務費、コマーシャルで増えると想定される販売量、コマーシャルの費用の情報があれば、簡単だよ。集められるかな？」

秋山君「販売価格と直接材料費、直接労務費の情報は、以前工場から入

　　　　手しているし、増えると想定される販売量、コマーシャルの費用
　　　　の情報もすでに手にある」

大石君「OK、ベリーグッドだ。僕は、明日の 10 時から時間がとれるけ
　　　　ど、秋山君はどうだい」

秋山君「もちろん OK だ。こちらからお願いするんだから、最優先で時
　　　　間を確保するよ」

大石君「では、明日 10 時に経理課の会議室に…、いやまて、明日の午
　　　　前中は経理課の会議室はふさがっている。営業 3 課の会議室は
　　　　空いているかい？」

秋山君「ちょっと待って、今、確認する…、大丈夫だ、明日 10 時から
　　　　12 時まで、会議室を予約した」

大石君「では明日 10 時に営業 3 課の会議室にお邪魔するよ」

秋山君「ありがとう、よろしく頼むよ」

4　効果の測定

　翌日の朝 10 時、営業 3 課の会議室です。秋山君と大石君がホワイトボー
ドを前にしてテーブルに座っています。

　秋山君は、さっそく昨日大石君に催促された情報を公開します。

秋山君「国産丸大豆醤油の販売価格（納品価格）は 1,330 円、直接材
　　　　料費は 700 円、直接労務費は 180 円だ」

大石君「すると販売価格から直接材料費と直接労務費を控除した後の貢
　　　　献利益は 450 円だ。つまり、国産丸大豆醤油を 1 本売ると 450
　　　　円だけ利益が増えるということだ」

秋山君「なるほど」

大石君「コマーシャルの費用とコマーシャルで増えると想定される販売
　　　　量は？」

秋山君「コマーシャルの費用は企画、制作、放送をすべて含めて 2,000

　　　　万円、増えると想定される販売量は月間 5,000 本だ」

大石君「月間 5,000 本ということは年間 60,000 本、60,000 本が稼ぐ
　　　　貢献利益は 60,000 本×450 円で 2,700 万円になる」

秋山君「ということは？」

大石君「コマーシャルの効果で月間の販売量が 5,000 本増えれば、コ
　　　　マーシャルに 2,000 万円の費用を掛けても、1 年で元が取れると
　　　　いうことになるね」

秋山君「す、すごい。1 年で元が取れるのか！」

大石君「そうだ！良かったね秋山君」

　秋山君は、この結果を、さっそく井上課長に報告します。

　2 週間後、広告代理店の提案内容を了承し、正式に国産丸大豆醤油のコ
マーシャルを制作することが営業部長によって承認されました。

ケース９：「海外に工場建設…？」

　ダイバース・マートの川上商品仕入部長から "大きな案件があるから、責任者と一緒に来てほしい" と連絡を受け、営業３課井上課長と一緒にダイバース・マートを訪問している秋山君です。

1　驚きの依頼

　会議室に通され、川上商品仕入部長を待っている間、ひそひそ話をする秋山君と井上課長です。

> **秋山君**「大きな案件って何でしょうね」
> **井上課長**「なんだろうね？どっかに工場を作ってほしい、などという話かな…？」

　そこに川上商品仕入部長と担当取締役が現れました。取締役まで現れたので、２人ともビックリし、緊張しています。

> **川上商品仕入部長**「今日はお忙しいところご足労いただきまして、ありがとうございます」
> **井上課長**「いえ、どういたしまして」
> **川上商品仕入部長**「早速ですが、ダイバース・マートは海外にも事業展開していることはご存知のことと思います」

井上課長「はい、東南アジアを中心に進出していると理解しています」

川上商品仕入部長「日本は人口が減少する中、小売業の大きな発展は望めません。そこで、今後は、海外での事業に力を入れていきたいと考えているのです」

井上課長「なるほど」

川上商品仕入部長「現在は、東南アジアで販売しているほとんどの商品は日本から輸出しています。これを、順次、現地調達に切り替えていきたいと考えています」

井上課長「現地調達に？」

川上商品仕入部長「はい、そこで現地で調達できるものを発掘中なのですが、どうしても難しいものがあります。その１つが醤油です」

井上課長「現地の醤油は日本の醤油とだいぶ違うというか、ほとんど別物ですからね。一般の人は現地の醤油になじんでいて、日本の醤油にはなかなか手を出さないのではないですか？」

川上商品仕入部長「そのとおりです。それでも最近は、上層階級の間で日本料理に対する関心が高く、調理の機会も盛んになり、日本の醤油も消費されるようになってきています」

井上課長「しかし、量的にはわずかではありませんか？」

川上商品仕入部長「確かに、現在の消費量はわずかです。しかし、東南アジアの多くの国では経済が発展し、富裕層が増えることが期待されています」

井上課長「そうですね」

川上商品仕入部長「これまでの傾向で、所得が増えた人たちは海外に興味を持ちます。例えば海外旅行です。日本でも韓国や中国、台湾、その他の東南アジアからの観光客が増えています」

井上課長「いわゆるインバウンドの旅行客ですね」

川上商品仕入部長「この人たちが滞日中に味わった日本食の味を現地で提供するために日本料理店ができます。この日本料理店に食材を提供するために、日本の食料品店ができます」

井上課長「今のアメリカやヨーロッパでも、同じような過程を経て日本

77

料理が普及してきましたね」

川上商品仕入部長「日本食料品店には、現地の富裕層も来店するように
　　　なります。彼ら・彼女らは、調味料も同時に購入します。日本の
　　　食材には日本の調味料が合いますからね」

井上課長「確かに！」

川上商品仕入部長「私どもは、今後 10 年以内に東南アジア地区での醤
　　　油の消費量は 5 倍に伸びると予想しています」

井上課長「10 年以内に 5 倍ですか？」

川上商品仕入部長「はい」

同席した取締役もうなずいています。

川上商品仕入部長「そこで、お願いなのですが、安心フーズさんに、現
　　　地で醤油を生産していただくわけにはいきませんでしょうか？」

井上課長「現地生産ですか !!?」

川上商品仕入部長「いかがでしょうか？」

井上課長「現地というと、どこの国をお考えですか？」

川上商品仕入部長「私どもはタイマー国を東南アジアでの事業拠点とし
　　　ていく方針ですので、タイマー国で生産してもらえればありがた
　　　いです」

井上課長「今更申し上げることでもありませんが、醤油生産は装置産業
　　　です。ある程度の生産ロットがないと採算が取れません」

川上商品仕入部長「採算がとれるロット数がいくらなのか知りません
　　　が、我が社のタイマー国での引取量については事前に約束させて
　　　いただくことも可能です」

井上課長「容器のサイズは小さいものをご希望ですよね」

川上商品仕入部長「現状では、現地の家庭での醤油の使用頻度はさほど
　　　高くありません。日本で普及しているサイズを購入しても、保存
　　　中に醤油の品質を落としてしまうことが容易に想像できます」

井上課長「そうですね。500ml とかは到底考えられないですね」

川上商品仕入部長「今売れているのは標準サイズが 20ml サイズ、徳用サイズが 100ml サイズです」

井上課長「今現在、そのサイズはどこで生産しているのですか？」

川上商品仕入部長「日本から 2L 徳用サイズを輸出して、現地で詰め替えをしています。安心フーズさんには、最初からこのサイズでの生産をお願いしたいと思います」

井上課長「わかりました。社に戻り、検討させていただくということでよろしいでしょうか？」

川上商品仕入部長「もちろんです。よろしくお願いします。追加で必要な情報があれば、おっしゃってください。社の機密事項以外は何でも提供します。そうですよね、取締役!?」

黙ってうなずく担当取締役です。

帰り道、興奮のあまり言葉少なくなった井上課長と秋山君です。

井上課長「えらいことになったなぁ〜」

秋山君「タイマー国に工場を作るのにいくらかかるのかな？ 20ml とか 100ml とかのサイズは、どれくらいの量を、いくらで引取ってくれるつもりなんだろうか？タイマー国に工場を作って元が採れるのかな？」

井上課長「年間、いくらで何本引き取ってもらえるかがポイントだろうな？この点がこれからの最大のネゴシエーションになるだろうな」

2　検討委員会

　社に戻った井上課長と秋山君は、今日あったことを営業部長に報告します。営業部長は営業担当取締役に話をします。その後、取締役会の承認を得て、タイマー国への工場建設を検討する委員会が組成されました。

　メンバーは新規事業担当の取締役を始めとする７人です。その中には工場の現場を知る岡田係長、数字に詳しい大石君、ダイバース・マートの営業責任者である井上課長もいます。ダイバース・マートの営業担当である秋山君は、事務局を命じられました。

　事務局である秋山君の仕事は、メンバーへの連絡、会議用資料作成、会議議事録の作成などです。通常の営業をやりながらの事務局なので、とても１人では廻しきれません。そこで井上課長に相談し、江波君をアシスタントにつけてもらいました。

　今日は、最初の検討委員会です。新規事業担当取締役に促され、井上課長はダイバース・マートの海外展開の方針と、安心フーズへの依頼、すなわちタイマーでの醤油の現地生産の要請について話をしました。

> **井上課長**「報告は以上です。何かご質問はありませんか？」
> **岡田係長**「醤油生産は装置産業です。一度工場を作ったら、他所に移すのは不可能です」

　一同、“そんなことは知っている、いまさら何を言いだすのだ”という感じです。岡田係長は続けます。

> **岡田係長**「タイマー国では民主化を巡る政治的対立が激しい、それに軍部が力を持ちこの 15 年で 2 度も軍事クーデタを起こしている。

　　　しかも国王が政治に絡んでいる。こんな政治的に不安定な国に醬
　　　油工場を作って、安定的に事業を継続することができるのかどう
　　　か、心配です」

新規事業担当取締役「確かに、タイマー国で安定的に事業を継続できる
　　　か否か、不安は残る。しかしダイバース・マートの要請も無視で
　　　きない。そこでだが、安定的に事業を継続できる期間を５年と
　　　か 10 年とかに区切って、その期間内に投資金額を回収できるか
　　　どうかを検討してみてはどうだろうか？」

大石君「その限られた期間内に投資金額を回収できる見込みがあれば、
　　　進出ということですね」

新規事業担当取締役「そういうことだ。一定期間内に投資金額を回収で
　　　きるかどうかという点に絞って、この委員会での検討を進めよう
　　　と思うが、どうだろう」

一同うなずきます。

　一定期間内に投資を回収できるかどうかを検討するために、次回会合まで
に以下の情報を集めることが決まりました。

　　✓　初期投資金額
　　✓　年間の販売収入
　　✓　年間の製造原価
　　✓　年間の販売費・管理費

　年間の販売収入と製造原価を見積もるためには、、ダイバース・マートが
１年間で引き取る量と引取価格の情報が必要です。これについては秋山君が
担当することになりました。
　また、次回会合は２週間後に決まりました。

　秋山君はダイバース・マートの川上商品仕入部長に連絡し、以下の情報を

入手しました。

- ✓ 20ml サイズ 50 袋入りを 1 パックとし、1 パック 2,000 円で年間 20,000 パック引き取り
- ✓ 100ml サイズは、1 本 200 円で年間 10 万本引き取り
- ✓ この数量は当初 6 年間の最低数量である

　これによると、醤油の量は 20ml サイズ 50 袋 1 パックで 1L、年間 20,000 パックで 20,000L、100ml サイズ年間 100,000 本で 10,000L、合計 30,000L になります。

　秋山君は、この情報を工場の岡田係長に伝え、投資金額と年間製造原価の見積もりを依頼しました。

　なお販売収入は、年間の 20ml サイズ 1 パック 2,000 円× 20,000 パックで 4,000 万円、100ml サイズ 1 本 200 円× 100,000 本で 2,000 万円、合計 6,000 万円になります。

3　検討委員会第 2 回

　今日は検討委員会の第 2 回会合です。各自が収集した情報は以下のとおりです。

- ✓ 初期投資金額：2 億円
- ✓ 年間の販売収入：6,000 万円
- ✓ 年間の製造原価：2,200 万円
- ✓ 年間の販売費・管理費：300 万円

　これによると、販売収入は、当初 6 年間は年間 6,000 万円が確実です。他方、年間の製造原価と販売費は、それぞれ 2,200 万円と 300 万円、合計 2,500 万円です。

　つまり、6年間は販売収入による現金収入6,000万円が製造原価と販売費の現金支出2,500万円を3,500万円上回ります。上回る金額の6年間合計は、3,500万円×6年で2億1,000万円になり、初期投資金額2億円を上回ります。

　別の見方をすれば、初期投資額を回収するための期間は、2億円÷3,500万円で5.7年になります。すなわち、販売収入が確実に見込める当初の6年間で投資金額を回収できることになります。

4　取締役会の承認

　タイマー国に工場を作る場合の投資金額は、販売収入が確実に見込まれる6年間で回収できることが取締役会に報告されました。

　この結果にもとづき、取締役会はタイマー国への進出を決定しました。

　同時に、1年後には工場の建設を始め、2年後には操業を開始するスケジュールも承認されました。

付属解説

　ケース7でも取り上げましたが、投資に関する意思決定では、初期投資額とその後のランニングコストを、投資する事業から得られる現金収入で回収できるどうかに着目します。

　投資後において事業を継続して安定的に続行できる見込みがある場合は、初期投資と事業期間の支出と収入の現在価値を比較して決定するのが一般的です。しかし、事業がいつまで継続できるかを見通せない場合は、現在価値法で判断するのは適切ではありません。

　例えば、ケース9でも取り上げたように、発展途上国や政情が不安定な国での事業は、いつ生産設備が現地政府によって接収されるかもしれません。接収されれば、事業は中止です。現地政府による補償も考えられます

が、その額は微々たるものにすぎません。このような国に多額の投資をして進出するのは大きな危険を伴います。

　このような場合において投資の可否を判断するために頻繁に使われるのが回収期間法です。回収期間法は、投資によってもたらされる現金収入が初期投資額を回収するまでの期間、すなわち「回収期間」を測定する方法です。
　回収期間は以下の算式で計算します。

初期投資額　÷　年間の正味現金収入

　正味現金収入は、投資によってもたらされる現金収入（例えば、販売収入）から運営のための現金支出（製造原価、販売費・管理費など）を控除した金額です。
　回収期間が事業を確実に遂行できると認められる期間以内であれば（言い換えれば、事業が確実と認められる期間以内に獲得する正味現金収入が初期投資金額を上回れば）、その投資は経営陣によって適格と判断され承認され、実行に移されます。

　なお回収期間法は、現金の現在価値を考慮していません。今の投資金額1円と将来の回収金額1円を同じ価値と見なしています。すなわち、異なる価値の現金を比較して投資の判断をしていることになります。
　それでも、頻繁に新商品が開発される家電製品や半導体事業などのように製品の陳腐化が激しく投資資金の回収期間が極端に短い業種や、事業環境が急変して生産活動の中断に追い込まれる可能性がある事業の場合には、回収期間法が頻繁に使われます。

第 **2** 部

秋山営業主任の誕生

秋山隼人　　安心フーズ株式会社　営業3課　主任

　入社7年目で、生産ラインの拡張を伴う新規取引の開拓、海外進出プロジェクトの成功と、立て続けに大きな仕事をこなした秋山君は、この春から営業3課の主任に昇進しました。

　これまでの担当顧客の営業に加え、営業3課の取りまとめの仕事も任されるようになりました。

ケース 10：「いくら売れば…？」

　営業 3 課では、来期の目標営業利益を 1 億円と予定しています。営業利益は、売上高（販売収入）から売上原価、販売および管理費を控除した金額です。

1　営業利益 1 億円

秋山君は、営業 3 課　井上課長に呼ばれました。

井上課長「秋山君、主任の仕事は慣れたかね？」

秋山君「はい、3 課全体の仕事も見渡せるようになり、楽しくやっています」

井上課長「そうか、それは良かった。ところで、先日の営業会議で、来期の 3 課の目標営業利益は 1 億円と決まった」

秋山君「営業利益は、売上高（販売収入）から売上原価、販売および管理費を控除した金額ですよね」

井上課長「そうだ」

秋山君「その来期の目標が 1 億円ということですね」

井上課長「そうだ。そこで早速だが、その営業利益 1 億円を達成するには、いくらの売上があればよいのかを見積もってほしいのだよ」

秋山君「わかりました、いつまでにやればいいですか」

井上課長「できるだけ早く、遅くとも今週の金曜日の夕方にはほしい」

秋山君「承知しました。ところで、昨年この仕事を担当したのは誰ですか？」

井上課長「上田君だよ」

　それを聞いた秋山君、上田主任に相談することがすぐ頭に浮かびました。さっそく上田主任の席を見ますが、空席です。隣席の同僚に聞くと“クライアントを訪問中で、今日は直帰”ということです。

　しかし、こんなことでは諦められません。すぐさまメールを送ります。

　「売上目標の見積方法について教えてほしいので、明日の朝、時間をとっていただけませんか？」

　すると、小1時間ほどして返事がきました。

　「了解、では明日の朝10時に会議室で。悪いけど、会議室を予約しておいてくれるかしら？」

　秋山君は、さっそく明朝10時から会議室を予約します。運よく空いていました。

　翌日の朝10時の営業3課です。

上田女史「おはよう、秋山君。主任の貫禄がみなぎっているわね」

秋山君「からかわないでくださいよ、まだまだヒヨッコですので、よろしくご指導お願いします」

上田女史「で、今朝の相談て何？」

秋山君「来期の営業3課の目標営業利益1億円を達成するために必要な売上高を見積もるように、昨日、課長に言われました。目標営業利益を達成するための売上高を見積もる方法を教えていただきたいのです」

> **上田女史**「わかったわ、会議室で話しましょう。予約してあるよね？」
>
> **秋山君**「もちろんです」

2　変動費と固定費

例によって、ホワイトボードを前に向かい合って席に着く 2 人です。

> **上田女史**「目標営業利益を達成するための売上高は、販売数量と売上高、費用の関係を理解すれば、簡単に計算できるわ」
>
> **秋山君**「その 3 つ、いや 4 つの数字は、どのような関係にあるのですか？」
>
> **上田女史**「販売数量と売上高の関係はわかるわよね？」
>
> **秋山君**「販売数量に販売単価を掛ければ売上高になります」
>
> **上田女史**「そう、では販売数量と費用の関係は？」
>
> **秋山君**「販売数量が増えると費用も増加するのでは？」
>
> **上田女史**「そう単純じゃないわ」
>
> **秋山君**「といいますと⁉」
>
> **上田女史**「費用には、大きく分けて、売上原価と販売・管理費がある。売上原価は販売数量に比例して増加するけど、販売費や管理費の中には販売数量に比例して増加するものもあるけど、多くは比例しなのよ」
>
> **秋山君**「販売費や管理費が販売数量に比例して増えないのは何故ですか？」
>
> **上田女史**「販売費や管理費の代表的なものは営業部員の人件費や営業所の家賃、広告宣伝費、交際費、教育研修費などよ。これらは、毎期、必ず一定額発生するものの、販売数量に比例して増加したりしないわ」
>
> **秋山君**「わかります。では、販売数量に比例して増加する販売費や管理費もあるのですか？」

上田女史「あるわ、代表的なのが代理店に支払う販売手数料、販売した
　　　　商品の輸送料などね」

秋山君「なるほど」

上田女史「販売数量と費用の関係を明らかにするために、売上原価や販
　　　　売手数料、商品の輸送料などのように販売数量の増加に比例して
　　　　増加するものを変動費、販売数量にかかわらず一定金額が発生す
　　　　るものを固定費と呼んで、区分するのよ」

秋山君「変動費と固定費ですか!?」

上田女史「そう。販売数量と変動費および固定費の関係を示したのがこ
　　　　の図よ」

と言って、**図表 2** と **3** をホワイトボードに書きました。

図表2　変動費のイメージ

商品の売上原価
（1個当たり2,000円）

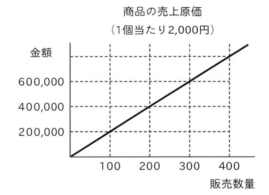

89

図表 3　固定費のイメージ
（事務所の家賃）
：100,000円/月

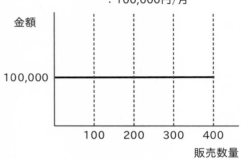

金額

100,000

100　200　300　400

販売数量

上田女史「変動費は、販売数量がゼロのときは発生原価もゼロだから原点からスタートし、販売数量の増加に比例して増加するので右肩上がりになるのよ」

秋山君「これに対し固定費は、販売数量がゼロでも発生するけど、販売数量が増えても増加することはないから、水平になるのですね」

上田女史「そのとおりよ」

3　貢献利益

上田女史「そしてこの図は売上原価、販売・管理費と、変動費および固定費との関係を一覧にしたものよ」

と言って、**図表 4** をホワイトボードに書きました。

図表 4　変動費と固定費の関係

<u>売上原価と販売・管理費</u>　　　<u>変動費と固定費</u>

売上高　　　　　　　　　　　　売上高

売上原価　　　　━━━━━━→　変動費

　売上総利益　　　　　　　　　　貢献利益

販売管理費　　　━━━━━━→　固定費

　営業利益　　　　　　　　　　　営業利益

（売上原価は、販売した商品の製造原価です。この中には直
接材料費や直接労務費などの変動費と製造間接費の固定費が
含まれますが、営業３課では全額変動費として扱います。）

> **秋山君**「左側は、売上高から売上原価を控除したのが売上総利益、売上
> 総利益から販売・管理費を控除したのが営業利益となっています
> ね」
> **上田女史**「ところが右側では売上原価と販売・管理費を変動費と固定費
> に組み替えて、売上高から変動費を控除したものを貢献利益、貢
> 献利益から固定費を控除したものが営業利益となっているわ。こ
> れを算式で示すとこうなるわ」

と言って、次の算式をホワイトボードに書きました。

> 売 上 高　−　変動費　＝　貢献利益
> 貢献利益　−　固定費　＝　営業利益

> **秋山君**「この算式から売上高と変動費、貢献利益、固定費、営業利益の
> 関係が導かれるんですね」
> **上田女史**「そうよ、この算式から明らかなように、貢献利益は固定費を
> カバーする原資になる。言い換えれば、営業利益の額は固定費を
> すべてカバーした後に残っている貢献利益の額ということになる

わ。もし貢献利益の額が固定費よりも少ない場合は固定費のすべてをカバーできないので、営業利益はマイナス、すなわち損失ということになるわ」

秋山君「なるほど。貢献利益の大きさがポイントか！」

4　売上高と利益の関係

上田女史「今話したように、貢献利益から固定費を差し引いたものが営業利益よ。そして貢献利益はこの算式に変換できるのよ」

と言って、以下の算式をホワイトボードに書きました。

$$貢献利益 \ = \ \frac{貢献利益}{売上高} \ \times \ 売上高$$

上田女史「分数で表示された売上高に対する貢献利益の大きさを貢献利益率というのよ。したがって、貢献利益から固定費を差し引いて営業利益を求める算式は、この算式に変換することができるわ」

と言って今度は、以下の算式を書きました。

$$貢献利益率 \times 売上高 - 固定費 = 営業利益$$

秋山君「おおっ、やっと営業利益と売上高の関係を示す算式が出てきましたね」
上田女史「そうよ。この算式を用いれば、目標の営業利益を達成するた

めの売上高を求めることができるわ」

秋山君「この算式の使い方を、もう少し説明してください」

上田女史「この算式の固定費を右側に移項すると "貢献利益率×売上高 ＝営業利益＋固定費" になるわ」

秋山君「なるほど、なるほど」

上田女史「さらに両側を貢献利益率で割るとこのようになるわ」

と言って、以下の算式を書きます。

$$売上高 ＝（営業利益 ＋ 固定費）÷ 貢献利益率$$

秋山君「営業利益と固定費の合計を貢献利益率で割ったものが売上高に なるのか！」

上田女史「そうよ、あとは簡単よ。この算式の "営業利益" に営業３ 課の目標営業利益を入れて、それに営業３課の "固定費" の額 を加え、営業３課で扱う商品の "貢献利益率" で割れば、目標 の "売上高" が求められるわ」

秋山君「やったっ!!やっとたどり着いた」

表情が崩れる秋山君です。

しかし、次の疑問がわきます。

秋山君「来期の営業３課の目標利益は１億円とわかっているけど、営 業３課の固定費と貢献利益率はどうやって求めるのですか？」

上田女史「営業３課の体制は昨年と大きく変わっていないから、昨年 のものを使えると思うわ。念のため、昨年の固定費の明細と貢献 利益率の計算表を入手して、固定費に大きな変動がないこと、お よび取扱商品に大きな変動がないことを課長に確認した方がいい わね」

> **秋山君**「昨年の固定費の明細と貢献利益率の計算表はどこにあります
> 　　　か」
> **上田女史**「今年の予算のファイルに入っているわ」
> **秋山君**「はい、わかりました」
> **秋山君**「いつも頼りになる上田主任、本当にありがとうございます」
> **上田女史**「どういたしまして。たまにはランチでもごちそうしなさい
> 　　　よ！」
> **秋山君**「はい、いつでも、よろこんで !!!」

　そう言いながら、会議室を後にする 2 人です。

　席に戻った秋山君。去年の資料を参考に、上田主任に教わった算式に基づ
いて、目標営業利益 1 億円を達成するための売上高を計算しています。

　秋山君が見積もった来年度の商品 1 個当たりの販売価格は平均 2,500 円、
変動費は平均 1,500 円（売上原価 1,200 円、変動販売費 300 円）です。した
がって、商品 1 個当たりの貢献利益は 1,000 円で、貢献利益率は 40％（貢
献利益 1,000 ÷販売単価 2,500 円）です。営業 3 課の固定費の合計は年間約 1
億円です。いずれも昨年度とほぼ同じであることを井上課長に確認しまし
た。

　したがって、目標営業利益 1 億円を達成するための売上高は、以下のよ
うに 5 億円になります。

（目標利益 100,000,000 ＋固定費 100,000,000）÷貢献利益率 40％＝ 5 億円

　秋山君、さっそく、この計算結果を課長に報告する資料作りに入りまし
た。

付属解説

1 販売数量と利益の関係

貢献利益の概念を使うと、販売数量と利益の関係を明らかにすることができます。

図表5は販売数量と貢献利益および利益の関係を示しています。この例では、商品の販売価格は1個当たり2,500円、変動費は商品1個当たり1,500円、したがって商品1個当たりの貢献利益は1,000円（販売価格2,500－変動費1,500）になります。また固定費は合計で1億円です。変動費と固定費は括弧書きになっていますが、これは控除する数字であることを示しています。

この段階での貢献利益は固定費を下回るので、営業利益はマイナス、すなわち営業損失になります。

この表から明らかなように、販売数量に比例して、商品1個当たり1,000円ずつの貢献利益が増えていき、固定費を回収します。それに伴って営業損失の額も減っていきます。

図表5　販売数量、貢献利益と利益の関係

（単位：円）

販売数量	0個	1個	2個	3個
売上高		2,500	5,000	7,500
変動費		(1,500)	(3,000)	(4,500)
貢献利益	0	1,000	2,000	3,000
固定費	(100,000,000)	(100,000,000)	(100,000,000)	100,000,000
（営業損失）	(100,000,000)	(99,999,000)	(99,998,000)	(99,997,000)

貢献利益の額は、1個当たりの貢献利益に販売数量を乗じたものです。したがって営業利益の額は以下の算式で表すことができます。

1個当たり貢献利益×販売数量－固定費＝営業利益

　図表 6 に示したように、販売数量が 10 万個（売上高 250,000,000 円）になると貢献利益は 1 億円（1,000 円× 100,000 個）になり固定費と同額となります。この時点で利益の額はプラス／マイナス・ゼロになります。この利益の額がプラス／マイナス・ゼロになる点を損益分岐点といいます。

　損益分岐点を超えると、超えた販売数量 1 個当たり 1,000 円の利益が計上されます。

図表 6　損益分岐点以降の販売数量と利益

（単位：円）

販売数量	100,000 個	100,001 個	100,002 個	…
売上高	250,000,000	250,002,500	250,005,000	…
変動費	(150,000,000)	(150,001,500)	(150,003,000)	…
貢献利益	100,000,000	100,001,000	100,002,000	…
固定費	(100,000,000)	(100,000,000)	(100,000,000)	…
営業利益	0	1,000	2,000	…

　すでに述べたように、営業利益の額は「1 個当り貢献利益×販売数量－固定費＝営業利益」の算式で示されるので、これをもとに販売数量を求める算式を作ることができます。

　まず固定費を右側に移すと以下の算式になります。

1 個当たり貢献利益×販売数量＝営業利益＋固定費

　両辺を 1 個当り貢献利益で除すると以下の算式になります。

販売数量＝（営業利益＋固定費）÷ 1 個当たり貢献利益

　すなわち、営業利益と固定費の合計を 1 個当たり貢献利益で除したものが目標利益を得るための販売数量になります。

　したがって、1 個当たり貢献利益 1,000 円の下で、固定費 1 億円を回収して目標営業利益 1 億円を達成するための販売数量は、以下の算式で表されます。

販売数量＝（100,000,000 ＋ 100,000,000）÷ 1,000

販売数量＝ 200,000,000 ÷ 1,000 ＝ 200,000 個

　つまり目標営業利益 1 億円を達成するための販売数量は 20 万個になります。

　なお、この目標販売数量 20 万個に商品 1 個当たりの販売価格 2,500 円を乗じた数字は 5 億円となり、当然ながら、目標営業利益 1 億円を達成するための売上高に一致します。

2　販売数量と利益の関係の図示

　前述したように、営業利益の額は以下の算式で表すことができます。

1 個当たり貢献利益×販売数量－固定費＝営業利益

　この関係を図で表すことができます（図表 7 ～ 9）。

①　まず、商品の売上高（1 個当たり 2,500 円）と変動費（1 個当たり 1,500 円）、その差額である貢献利益、それと販売数量の関係を図で示すと**図表 7** のようになります。

図表 7　貢献利益と販売量の関係

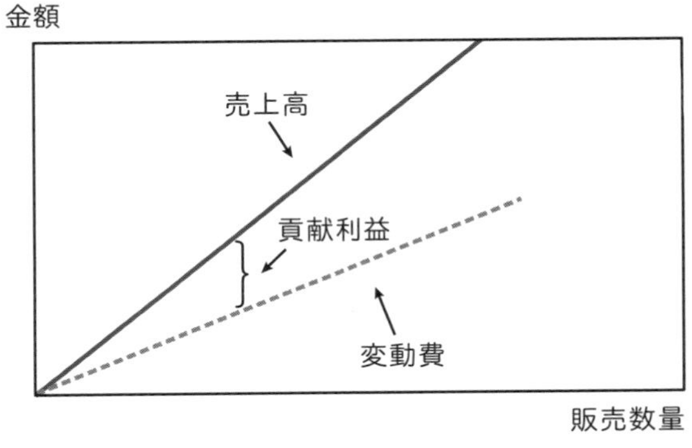

　販売数量がゼロの場合は売上高と変動費はゼロなので、金額がゼロのところからスタートします。売上高と変動費は販売数量の増加に応じて右肩上がりに増えていきます。

　売上高を示す太線と変動費を示す破線の縦の幅が貢献利益の大きさを示しています。販売数量の増加に応じて貢献利益が増えるので、縦の幅も大きくなっていきます。

②　固定費は販売量に関係なく 1 億円です。販売量がゼロでも 1 億円発生します。そこで、金額を示す縦軸の 1 億円の点から変動費を示す破線に平行に線を引くと、変動費と固定費の合計である費用合計の細線を引くことができます。これを示したのが**図表 8** です。

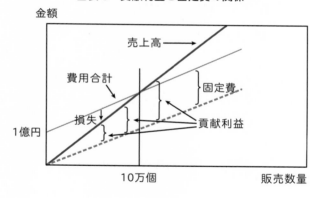

図表 8　貢献利益と固定費の関係

　費用合計を示す細線と変動費を示す破線の縦の幅は固定費の金額を示しています。固定費は販売数量に関係なく一定額なので、縦の幅はどの販売数量でも同じです。

　図表 8 で示したように、販売数量が増加するにともなって売上高の太線と変動費の破線の縦の幅（すなわち貢献利益の額）が大きくなり、売上高を示す太線と費用合計を示す細線との縦の幅（損失）は、逆に小さくな

ります。

　販売数量が 10 万個のところで売上高の太線と費用合計の細線が交わっています。これは、販売数量が 10 万個のところで売上高（2,500 円× 1,000,000 個＝ 250,000,000 円）が、費用合計（変動費 1,500 円× 100,000 個＋固定費 100,000,000 円＝ 250,000,000 円）と同額になることを示しています。ここが損益分岐点になります。

③　販売数量が 10 万個を超えると貢献利益の額（売上高の太線と変動費の破線の縦の幅）は固定費の額（細線と破線の縦の幅）を超えます。この超えた分、すなわち固定費をすべてカバーした後の残りの貢献利益が利益になります。これを示したのが図表 9 です。

図表 9　貢献利益、固定費、利益の関係

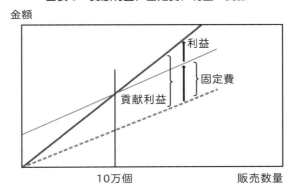

ケース 11：「目標を上回れば良し…？」

1　アンテナショップ

　営業 3 課は、販売する商品に対する消費者の嗜好を調査するためにアンテナショップを運営しています。アンテナショップは三陸地方の魚介類料理をビュッフェ・スタイルで提供するレストランです。その監督も秋山君の仕事の 1 つです。

　監督の一環として、レストランの予算と実績を、毎月、比較・分析しています。予算は、毎月末に、店長が翌月の想定活動レベルを基にして作ります。

　いつもは、秋山君が自ら予算と実績の比較・分析表を作りますが、教育を兼ねて、今月は江波君に作業を任せています。

> **秋山君**「江波君、営業 3 課のアンテナショップに行ったことがあるよね」
> **江波君**「はい、一度連れて行ってもらいました。食事おいしかったです」
> **秋山君**「そうだね。いいレストランだよね」
> **江波君**「接待やデートにも使えそうですね」
> **秋山君**「…」

　現在、デートする特定の人がいない秋山君なのです。

> **秋山君**「ところで江波君、今日は、そのレストランの予算と実績を比較して、目標の達成度合いを分析してほしいのだが…？」
> **江波君**「わかりました。どうやればいいのですか」

> **秋山君**「これが先月、4 月分の予算だ」

と言って、以下の**図表 10** を江波君に渡します。

図表 10　レストランの 4 月の予算

（単位：千円）

	（　算　定　根　拠　）	予　算
顧客数	期待顧客数	4,000 人
売上高	客単価 3,500 円 × 4,000 人	14,000
経　費		
材料費	顧客 1 人 1,050 円 × 4,000 人	4,200
人件費	固定費 3,000,000 円 + 1 人 250 円 × 4,000 人	4,000
水道・ガス代	基本料金 100,000 円 + 1 人 75 円 × 4,000 人	400
電気代	基本料金 50,000 円 + 1 人 30 円 × 4,000 人	170
家賃	月 2,300,000 円	2,300
減価償却費・消耗品費	月 1,310,000 円	1,310
雑費・その他	月 100,000 + 1 人 10 円 × 4,000 人	140
経費合計		12,520
利　益		1,480

> **江波君**「この予算は秋山主任が作ったのですか？」
> **秋山君**「いや、予算は、毎月、店長が作成している」
> **江波君**「売上高はどのように計算しているのですか？」
> **秋山君**「売上高は、過去の経験から、1 人当たり販売単価に来客見込数を乗じて計算している。来客見込数は、季節によってばらばらだね」
> **江波君**「経費はどうして計算していますか」
> **秋山君**「経費の部分は、来客数に応じて増減する変動費部分と来客数にかかわらず一定額発生する固定費部分に分けて設定してある。1 人いくら× 4,000 人という数字の個所が変動費部分だ」
> **江波君**「わかります、わかります」
> **秋山君**「4 月分は来客見込数を 4,000 人としたが、実際の来客数は

> 4,400 人だった。したがって、売上高も経費も、当然に予算の数
> 値から乖離する」
> **江波君**「そうですよね」

2　修正予算

> **秋山君**「この表は、4 月の予算と実績の比較表だ。右側の差異のコラム
> の「有」は、差異が会社にとって有利、すなわち実際の売上高が
> 多い、または経費が少ないことを、「不」は不利、すなわち実際
> の売上高が少ない、または経費が多いことを示している」

と言って**図表 11** を示しました。

図表 11　4 月の実績と予算の比較

（単位：千円）

	4 月実績	4 月予算	差　　異
顧客数	4,400 人	4,000 人	400 人　有
売上高	15,300	14,000	1,300　有
経費			
材料費	4,900	4,200	700　不
人件費	4,300	4,000	300　不
水道・ガス代	580	400	180　不
電気代	165	170	(5)　有
家賃	2,300	2,300	0
減価償却費・消耗品費	1,360	1,310	50　不
雑費・その他	210	140	70　不
経費合計	13,815	12,520	1,295　不
利　　益	1,485	1,480	5　有

> **江波君**「この比較表では、利益は予算よりも 5 有利に、つまり多くなっています。でも、この有利は意味がありませんよね。なぜなら、予算は顧客数 4,000 人を前提に設定されているのに対し、実際の顧客数は 4,400 人です。その分、売上高は多くなります。これに合わせて、経費の多くも増加しているはずですよね」
>
> **秋山君**「そのとおり。だから、図表 10 の予算の経費を来客数 4,400 人に合わせて修正する必要がある。この修正後の予算は、その名のとおり、修正予算と呼ぶ」

と言って**図表 12** を示します。

図表 12　顧客数 4,400 人の修正予算

（単位：千円）

	算定根拠	修正予算
顧客数	期待顧客数	4,400 人
売上高	客単価 3,500 円 × 4,400 人	15,400
経費		
材料費	顧客 1 人 1050 円 × 4,400 人	4,620
人件費	固定費 3,000,000 円 + 1 人 250 円 × 4,400 人	4,100
水道・ガス代	基本料金 100,000 円 + 1 人 75 円 × 4,400 人	430
電気代	基本料金 50,000 円 + 1 人 30 円 × 4,400 人	182
家賃	月 2,300,000 円	2,300
減価償却費・消耗品費	月 1,310,000 円	1,310
雑費・その他	月 100,000 + 1 人 10 円 × 4,400 人	144
経費合計		13,086
利　　益		2,314

> **秋山君**「これは、顧客数 4,400 人レベルの修正予算だ。この修正予算は、固定費部分は当初予算と同じだが、変動費部分は顧客数 4,400 人分に増額してある。これで、実績と予算を同じ来客数レ

> ベルで比較できるようになる」
>
> **江波君**「なるほど。では早速、この修正予算と実績の比較表を作成します」

そして完成したのが**図表 13** です。

図表 13　4 月の実績と修正予算の比

（単位：千円）

	4 月実績	修正予算	差　　異	
顧客数	4,400 人	4,400 人		
売上高	15,300	15,400	100	不
経費				
材料費	4,900	4,620	280	不
人件費	4,300	4,100	200	不
水道・ガス代	580	430	150	不
電気代	165	182	(17)	有
家賃	2,300	2,300	0	
減価償却費・消耗品費	1,360	1,310	50	不
雑費・その他	210	144	66	不
経費合計	13,815	13,086	729	不
利　益	1,485	2,314	829	不

3　異常値に基づく管理

> **秋山君**「これによると、利益は 829,000 円の不利、すなわち実績の利益は予算を下回ったことを示している」

江波君「そうですね、実績の利益は予算を下回っていますね」

秋山君「そこで、実績の利益が予算を下回った原因を分析して、翌月には対策を講じなければならないんだ」

江波君「分析はどのようにすればいいですか?」

秋山君「有利差異であれ不利差異であれ、その原因を分析して、有利な差異の原因は他の業務でも取り入れるようにするんだ。不利な差異の場合は、その原因を排除し、再発を防止する措置を講じる」

江波君「それを収益の増大、もしくは費用の削減に結びつけるんですね」

秋山君「そうだ」

江波君「でも、全部分析するのは大変ですね」

秋山君「そう。そこで、実績と予算の比較で明らかになった重要な異常値に着目する "異常値にもとづく管理" と呼ぶ方法をつかうんだ」

江波君「"異常値にもとづく管理" ですか?どんな方法ですか?」

秋山君「様々な項目の実績が予算から乖離している場合に、乖離の程度がより重要な項目に絞って乖離の原因を分析し、対策を講じる方法だ」

江波君「乖離の程度の重要さは、何で測るのですか?」

秋山君「乖離の重要性は、乖離した金額の大きさ、乖離した割合(%)、そして上昇傾向が続くなどの乖離の傾向で判断する」

江波君「図表 13 では材料費、人件費、水道・ガス代が大きな不利差異を示している。特に水道・ガス代は、予算に対して 35%アップしていますね」

秋山君「この3つは、重要な異常値と言えるだろう。これら3つの項目の差異の原因を調査して、翌月の営業に備えて対策を講じる必要がある。そう、店長に伝えてほしい」

江波君「はい、わかりました。すぐ、取りかかります」

付属解説

1　複数の予算指標

〜〜〜〜〜〜〜〜〜〜〜〜〜〜〜〜〜〜〜〜〜〜〜〜〜〜〜〜〜〜〜〜〜

　図表 10 および **12** では、変動費分の予算を顧客 1 人当たりの指標で設定しています。しかし経費の中には、お店の営業時間や勤務時間など、顧客数以外の要素に応じて変動するものもあります。

　例えば、電気代の多くを占める顧客スペースの電気代は、顧客の人数よりは営業時間の長さに比例すると考えられます。またパートタイム従業員の人件費は勤務時間の長さに比例すると考えられます。

　このような状況下で予算を編成する際は、顧客数、営業時間、パートタイマーの勤務時間など、複数の指標を使って予算を設定すると、実際の活動レベルに適合した予算を編成することができます。

　一方、複数の指標を使えば、予算設定および差異分析により多くの時間を費やすことになります。したがって、効率と効果を考慮して、例えば、予算金額の大きい項目、予算と実績の乖離が大きくなりやすい項目などに絞って複数の指標を使うのも 1 つの方法です。

ケース 12：「営業ロボット・オモテナシ君…？」

1　展示会出店

　安心フーズ株式会社営業 3 課は、横浜の国際展示場で開催される食品展示会への出店を計画しています。展示会の日程は 3 日間の予定です。

　展示会ブースの広さは約 10m^2 で、決して広くはありません。展示する商品をバイヤーに人気があるものに限定しなければなりません。

　来客の多くは、東南アジア各国のバイヤーです。少しでも多くのバイヤーに来店してもらうために、バイヤーの目を引くマネキンさんも確保しなければなりません。

　どんな商品を展示するか、マネキンさんはだれにするか、井上課長、上田女史、秋山君が会議をしています。

井上課長「会場に展示できない商品は、データベースに入れて、来客にパソコンを操作してもらって自由に見てもらえるようにしよう」

上田女史「データベースに入っている商品を一覧できるように、商品内容を紹介するパンフレットも作りましょう」

井上課長「マネキンさんは決まったのか？」

上田女史「マネキン紹介所に依頼していますが、適当な経験のある人が見つからず、苦労しています」

秋山君「いっそのこと、我が社の社員が担当してはどうでしょうか？商品知識もありますし」

井上課長「それも一案だな？」

> **上田女史**「営業 3 課には、それほど多くの社員はいません。むしろ社員には、直接バイヤーへの商品説明に当たらせてはどうでしょうか？」

　議論は白熱し、なかなか結論がでません。

　井上課長の発案で、いったん休憩にして、明後日の朝 10 時から、再度話し合うことになりました。

　席に戻った秋山君は、今回の展示会出展の予算書を見ています。それは、以下のようでした。

展示会出展の予算書

	金額
資材費	400,000
マネキンさん派遣費	200,000
諸経費	206,000

　そこに、マネキン用のロボット "オモテナシ君" 2 台を 3 日間で 25 万円でレンタルするという業者が営業に来ました。この業者は、大手の通信会社と取引をしているロボットレンタル会社です。

　秋山君はマネキンさんの派遣を中止し、オモテナシ君をレンタルするべきか否か、思案中です。オモテナシ君をレンタルする最大のメリットはその "話題性" ですが、費用が掛かりすぎないか心配です。

2　コストの比較

　2 日後の朝 10 時です。

　秋山君は会議で、オモテナシ君の話題を出しました。

秋山君「マネキンさんを配置するよりもオモテナシ君を置いた方がバイヤーの関心も高くなるのではないでしょうか？」

井上課長「来客数も多くなるかもしれないな？」

上田女史「でも、オモテナシ君のレンタル料 25 万円は、マネキンさんの派金費 20 万円よりも 5 万円高いわ？」

井上課長「会場設営の資材費や諸経費は、オモテナシ君をレンタルした場合とマネキンさんの派遣を受けた場合とでは、金額に差が生じるのかな？」

秋山君「あまり大差ないと思います」

上田女史「それじゃ、オモテナシ君をレンタルする積極的な理由はないわね」

秋山君「でも話題性はあります。来客数が伸びることが最大のメリットだと思いますが!?」

井上課長「そうだな。秋山君、どのくらいの来客数の伸びが期待できるのか、過去の実績をレンタル会社に確認してくれないか？」

秋山君「はい、わかりました」

上田女史「ロボットをレンタルすることで資材費や諸経費に変化がないかも確認する必要があるわね。それは私が担当するわ」

井上課長「よろしく頼むよ。2 日間で情報収集は完了するかな？」

上田女史、秋山君「大丈夫です」

井上課長「では、明々後日の同じ時間に集まろう」

上田女史、秋山君「はい」

3 他のメリット

3 日後の朝 10 時です。

秋山君「おはようございます、課長」

井上課長「おはよう、さっそく始めようか？」

上田女史「展示会場の設営を依頼しているエージェントに確認したところ、マネキンさんの派遣を中止すれば、マネキンさんの休息や昼休みの食事などの経費が必要なくなるので、諸経費が 2 万円ほど浮くそうです」

井上課長「そんなに違うのか？」

上田女史「はい。さらに、マネキンさんの休息などのためのスペースも空くそうです。空いたスペースは、商品の展示に使えるそうです。このスペースの活用分は、金額に換算すると 3 日で 10 万円ほどになるそうです」

井上課長「お、いいことばかりだな。オモテナシ君をレンタルした場合の来客数の伸びの方はどうだった？」

秋山君「はい、過去に展示会にオモテナシ君をレンタルした会社では、来客数が 2 割ほど伸びているそうです。しかし、来客数の伸びが金額に換算するといくらになるかは、ちょっと計算が難しいそうです」

上田女史「オモテナシ君をレンタルした場合に増加する経費と、その場合の諸経費の節約分 2 万円、商品展示スペースの増大分 10 万円を考慮して、どちらが得か計算すると、こうなるわ」

と言って、上田女史は以下の計算表をホワイトボードに書きました。

オモテナシ君レンタルの効果

	無くなる原価	増える原価
マネキンさん派遣費	200,000	
オモテナシ君レンタル料		250,000
諸経費の節約	20,000	
展示スペースの増大		（100,000）
合　　計	220,000	150,000

上田女史「このように、オモテナシ君をレンタルした場合に増える原価は 15 万円、不用になる原価は 22 万円で、不用になる原価の方が大きいわ」

秋山君「増える原価の中で、展示スペースが増大する分の価値 10 万円をレンタル料から控除しているのは何故ですか？」

上田女史「これは、オモテナシ君のレンタルによってもたらされるメリットだから、レンタル料を引き下げるのと同じ効果を持つのよ」

井上課長「なるほど！これに来客数の増加が見込めることを加えると…、オモテナシ君で決まりだな」

上田女史「バイヤーの出迎えをオモテナシ君に任せれば、社員は商品の説明に専念できるようにもなります」

秋山君「そうですね!!」

ケース 13：「生産中止…？」

1　不振な部門

　安心フーズ株式会社営業 3 課は、清涼飲料も取扱っています。しかし、大手の清涼飲料メーカーに押され、販売はさほど好調ではありません。

　営業 3 課の依頼に基づいて経理課の大石君が作った下記の損益計算書を見ながら、井上課長、秋山君、大石君が話をしています。

清涼飲料部門と営業 3 課全体の利益

（単位：千円）

	清涼飲料部門	その他の部門	営業 3 課全体
売上高	50,000	400,000	450,000
変動費	30,000	240,000	270,000
貢献利益	20,000	160,000	180,000
固定費			
支払給料	8,000	22,000	30,000
広告宣伝費	7,000	11,000	18,000
減価償却費	3,000	8,000	11,000
家賃	4,000	12,000	16,000
一般管理費	6,000	28,000	34,000
固定費合計	28,000	81,000	109,000
営業利益	(8,000)	79,000	71,000

井上課長「この損益計算書では、売上高から変動費を引いているのか？」

大石君「はい、売上高に応じて増減する変動費と、売上高に係らず、毎期一定額が発生する固定費の関係が明らかになるように、費用を変動費と固定費に分けました」

秋山君「この表を見ると清涼飲料部門の営業利益はマイナス 8,000 千円、すなわち 8,000 千円の損失になっているのか？」

井上課長「清涼飲料以外の部門の営業利益は 79,000 千円だから、清涼飲料部門を廃止すれば、営業 3 課全体の営業利益も 79,000 千円になるのかな？」

秋山君「今の営業 3 課全体の営業利益は 71,000 千円だから、8,000 千円増えるのか？」

大石君「そう単純ではありません。なぜなら固定費の中には、清涼飲料部門を廃止すればなくなる費用がありますが、廃止してもなくならないものもありますから」

秋山君「…？」

秋山君は、清涼飲料部門を廃止するとどの費用がなくなり、どの費用が無くならないのかの区別がつきません。はたして、清涼飲料部門を廃止すると、本当に営業 3 課全体の営業利益は増えるのでしょうか？

2　無くなる原価

井上課長も秋山君も、大石君の説目に耳を傾けます。

大石君「清涼飲料部門を廃止すると、当然ながら、清涼飲料部門の売上高 50,000 千円は無くなります」

井上課長「変動費 30,000 千円も無くなるのだな」

秋山君「そうすると貢献利益 20,000 千円も無くなるよね」

大石君「そのとおり。清涼飲料部門を廃止すると、清涼飲料部門の貢献利益 20,000 千円は無くなります」

秋山君「でも、固定費も無くなるよね」

大石君「そう、そのとおり。もし、清涼飲料部門の廃止によって清涼飲料部門の固定費すべて、合計 28,000 千円が消滅するのであれば、無くなる貢献利益よりも消滅する費用の方が 8,000 千円多いので、営業3課全体の営業利益も 8,000 千円増えて 79,000 千円になります」

井上課長「その場合は、清涼飲料部門は廃止すべきという結論になるのだな？」

大石君「はい、そうです」

井上課長「清涼飲料部門を廃止しても、固定費の一部分しか消滅しない場合はどうなる？」

秋山君「廃止によって貢献利益 20,000 千円は確実に無くなるから…」

大石君「廃止によって消滅する費用が貢献利益 20,000 千円より少ない場合は、営業3課全体の営業利益は、逆に減ってしまいます。例えば、清涼飲料部門の廃止に伴って消滅する費用が支払給料 8,000 千円と広告宣伝費 7,000 千円のみである場合を考えてみましょう？」

井上課長「消滅する費用は、15,000 千円に過ぎない」

秋山君「なぜ支払給料と広告宣伝費だけが消滅するんだい」

大石君「支払給料は、この事業に携わる従業員の給料であり、広告宣伝費は清涼飲料の広告宣伝に使われる費用と推定されるからだよ。いずれも、事業を廃止したら必要なくなる」

秋山君「減価償却費、家賃、一般管理費は何故消滅しないんだい？」

大石君「減価償却費は、工場の建物や生産設備の減価償却費だ。工場の建物や生産設備は清算飲料の生産をやめても、他の商品の生産に使い続けるから、減価償却費はなくならない。家賃も同様だ、倉

　庫や営業所などの借賃だから、清涼飲料の生産をやめても、他の
　商品の販売に使い続けるだろうから、無くならない」

井上課長「一般管理費はどうだい？」

大石君「一般管理費は、人事や経理などの管理部門の業務遂行にかかっ
　ている費用だから、清涼飲料の生産をやめても発生し続けます」

井上課長「なるほど」

3　判定

秋山君「すると、廃止に伴って消滅する費用 15,000 千円は、清涼飲料
　部門の廃止に伴って無くなる貢献利益 20,000 千円より 5,000 千
　円少ない!?」

大石君「すなわち、清涼飲料部門を廃止した場合は、営業 3 課の利益
　は 5,000 千円減少することになります」

井上課長「すると、清涼飲料部門は廃止すべきではないという結論にな
　るよね」

大石君「はい、そうなります」

この結論により、営業 3 課は清涼飲料部門の存続を決定しました。

付属解説

1　事業の存廃の決定

　ある事業部門の廃止か存続かの意思決定においては、多くの質的な要素や
量的な要素が考慮されますが、最終的には全体の利益に対する影響で判断し
ます。すなわち、もし全体の利益を大きくする、もしくは損失を小さくする

のであれば、廃止であれ存続であれ、その提案は承認されるでしょう。

　本文で取上げたように、ある事業部門の廃止により消滅する費用が失う貢献利益を上回る場合は、その事業は廃止すべきであり、逆に、廃止に伴って消滅する費用が廃止によって失う貢献利益を下回る場合は、当該部門は廃止すべきではない、という結論になります。

ケース14：「新規取引の申込み…？」

　営業の実務に大分なれた江波君です。出先から帰った江波君、秋山君に報告します。

　この日、江波君は、大学時代のゼミの先輩が就職した会社を訪ねました。この会社の設立は10年前ですが、あっという間に首都圏でスーパーマーケットと外商を合わせて30店舗を営むまでに成長しました。

1　信用取引の申込み

> **江波君**「先輩、ご無沙汰しています。お変わりありませんか？」
> **ゼミの先輩**「お久しぶり。元気でやっていますか」

と、たわいのない話をしていたところ、江波君の来訪を聞きつけた社長が突然顔を出しました。やり手として知られる若手の経営者です。

> **先輩の会社の社長**「江波さんは、安心フーズで営業を担当しているそうですね」
> **江波君**「はい営業3課に所属しています」
> **先輩の会社の社長**「安心フーズの万能醤油は評判がいいですね。ぜひ、うちでも取り扱わせていただけたら嬉しいのですが…？」
> **江波君**「万能醤油は私が所属している営業3課で取り扱っています」

> **先輩の会社の社長**「そうですか、それは話が早い。とりあえず、初回分として500万円分売ってほしい、代金は納品1か月後に現金で支払います。この取引がうまくいったら、その後も月500万円程度の取引を継続させていただきたいと考えています」

　初めて会った人にこう切り出されて面食らった江波君です。しかし、瞬時に次の心配事が胸をよぎりました。"商品を納品しても代金を受け取れるのは1か月後だ。1か月後に代金を支払うという言葉を信用していいものかどうか"、江波君は疑心暗鬼です。

　「社内の規定に基づいて検討させていただき、後日、遅くとも2週間以内に連絡させていただきます」と言って、ひとまず先輩の会社を後にした江波君です。

2　社内での検討

会社に戻った、江波君、今日の出来事を秋山君に話します。

> **秋山君**「それはいい話でよかったな、江波君」

まずは、江波君をねぎらう秋山君です。そしてさらに続けます。

> **秋山君**「会社は、会社が有する財産の範囲内で債務を弁済する義務を負います。もし会社の中に財産が無ければ、債務を弁済することもできません。逆に言えば、顧客会社に商品を販売し、まだ代金を受け取っていない人でも、その顧客会社に財産がなければ代金を受け取れなくなってしまいます」
>
> **江波君**「学生時代、大学の授業でならったことがあります」

秋山君「グッド、ベリーグッド！したがって、取引を開始したいという
会社にどのような財産があるのか、将来、代金の弁済をするだけ
の能力があるのかどうかは、信用取引、すなわち代金後払いの取
引を開始する際の重要な判断基準になります」

江波君「はい」

秋山君「さっそく営業３課で手すきの従業員が手分けして、先輩の会
社の信用状況を調べてみようじゃないか？江波君も一緒にやろ
う！」

　こうして安心フーズの社内では、江波君の先輩の会社との取引を開始する
か否かの検討を始めました。秋山くんは、江波君の先輩の会社の財務諸表
（決算書）を信用機関から入手し、財務内容の調査を始めました。並行して、
他の社員は江波君の先輩の会社の取引先や近隣の評判の情報を収集し始めま
した。

3　貸借対照表の内容

　秋山君は、さっそく江波君の先輩の会社の貸借対照表を吟味します。

秋山君「これが信用機関から入手した江波君の先輩の会社の貸借対照表
だ」

と言って、以下の表を示しました。

貸借対照表

（2021 年 3 月 31 日現在）

（単位：千円）

科　　　目	金　　額	科　　　目	金　　額
（資産の部）		（負債の部）	
流動資産		流動負債	
現金・預金	1,079,000	買　掛　金	300,000
売　掛　金	594,000	未　払　金	50,000
商　　　品	370,000	未払法人税等	153,000
資　　　材	30,000	前　受　金	40,000
流動資産計	2,073,000	流動負債計	543,000
固定資産		固定負債	
土　　　地	460,000	長期借入金	200,000
備　　　品	140,000	社　　　債	400,000
車両運搬具	100,000	固定負債計	600,000
機械装置	200,000	負債合計	1,143,000
建　　　物	500,000	（純資産の部）	
減価償却累計額	（360,000）	資　本　金	1,000,000
投資有価証券	15,000	繰越利益剰余金	985,000
固定資産計	1,055,000	純資産合計	1,985,000
資産合計	3,128,000	負債・純資産合計	3,128,000

江波君「貸借対照表って何ですか？」

秋山君「貸借対照表は、会社が有する資産、負債、純資産を一覧にした
　　　　ものだよ。左側の資産は、会社が将来の事業活動に利用できる財
　　　　産を示している。右側の負債は、会社が将来において弁済しなけ
　　　　ればならない債務を示している」

江波君「"2021 年 3 月 31 日現在" とありますが、これは何を意味して

いますか？」

秋山君「この貸借対照表は、2021年3月31日における資産、負債および純資産に属する財産の保有残高を表示しているという意味だよ。会社は、毎年、貸借対照表を作るので、作った年度を区別するためのものだよ」

江波君「なるほど。ところで、この表の金額はわかるんですが、勘定科目というのは何ですか？」

秋山君「会社が保有する財産の種類もしくは内容を表す名称だよ」

江波君「貸借対照表の左側の資産の部は流動資産と固定資産に分かれていますが、この意味は何ですか？」

秋山君「流動資産は、現金・預金、販売代金を回収する権利である売掛金のほかに、1年以内に消費されて経済的な便益をもたらす財産を示している。一方固定資産は、購入や建設によって一度取得すると1年以上の長期間にわたって使用でき、その期間中に経済的な便益をもたらす財産を示している」

江波君「使える期間に違いがあるわけか？確かに土地や建物、機械装置などは長期間使用できますね」

秋山君「そのとおり」

江波君「固定資産の区分にある数字がカッコ書きの減価償却累計額は何ですか？」

秋山君「先ほど言ったように、固定資産に属する建物や機械装置などは、一度取得すると長期間に渡って使用することができる。しかし、土地以外は、何時か壊れて、廃棄される。そこで、会計では、固定資産の取得に要した金額を使用できると見込まれる期間に配分するんだ。これを減価償却というんだ」

江波君「つまり減価償却は、固定資産の取得に要したお金を、使用する期間で按分して負担させる方法なんですね」

秋山君「そのとおり。そして、過去に減価償却した金額の累計額が減価償却累計額だ。言い換えれば、過去に減価償却したので、減価償

却累計額の分だけ固定資産の価値が減少しているから、その分を
固定資産の金額から控除するという意味でカッコ書きにしている
んだ」

江波君「右側の負債も流動負債と固定負債に区分されていますね」
秋山君「流動負債は、会社が 1 年以内に弁済しなければならない債務
　　　　で、固定負債は、1 年以上経過してから弁済しなければならない
　　　　債務だよ」
江波君「つまり、流動負債は 1 年という短期間内に弁済しなければな
　　　　らないが、固定負債は弁済する期限に余裕があるものということ
　　　　ですか？」
秋山君「そのとおり」
江波君「最後の純資産は何ですか？」
秋山君「一言でいえば、左側の資産と右側の負債の差額だ。大部分は株
　　　　主が拠出した資金に対して会社が交付した株式の価値と、会社が
　　　　過去に稼いだ利益の留保額だ」

4　貸借対照表から得られる情報

江波君「ところで、この貸借対照表から、何がわかるんですか？」
秋山君「さっき言ったように、流動負債は 1 年以内に弁済しなければ
　　　　ならない債務だ。これに対し流動資産は現金・預金や販売代金を
　　　　回収する権利、および 1 年以内に経済的な便益をもたらす財産
　　　　だ。したがって、流動資産が流動負債を上回っていれば、流動負
　　　　債の弁済に充てる現金の不足は起こらないと推測することができ
　　　　る」
江波君「なるほど」
秋山君「流動負債に対する流動資産の大きさを示すのが流動比率だ。流

動比率は

$$（流動資産 ÷ 流動負債）× 100\%$$

の算式で求める」

江波君「望ましい流動比率の数字というのはあるんですか？」

秋山君「流動資産には商品や資材のように、すぐには支払いに充当できないものが含まれているので、流動比率は200%以上が望ましいといわれている」

江波君「先輩の会社の貸借対照表で流動比率を計算すると以下のように381.8%になります。これなら先輩の会社は流動負債を支払うのに十分な流動資産を持っているといえますね」

秋山君「そうだね」

$$\frac{流動資産 \quad 2,073,000}{流動負債 \quad 543,000} × 100 = 381.8\%$$

秋山君「ところで江波君、貸借対照表からは、もう1つ重要な情報が得られるんだ」

江波君「なんでしょうか？」

秋山君「これも先ほど言ったように、固定資産は一度取得すれば長期間に渡って使用できる。しかしこれを裏返せば、固定資産を購入するために使ったお金は数年〜数十年にわたって、少しずつ回収しなければならないということになる」

江波君「そう…いうことになりますね」

秋山君「もし銀行等から借りたお金で固定資産を取得すると、固定資産を活用して現金を回収する前に借入金の返済期限が到来し、返済に窮することになりかねない。返済資金の調達がうまくいかない場合は、倒産の危機さえ招きかねない」

江波君「そうですね」

秋山君「そこで固定資産は返済義務がない株主の出資および過去の利益の累積の合計、すなわち純資産で賄うのがよいとされているんだ」

江波君「なるほど」

秋山君「純資産にに対する固定資産の割合を固定比率という。固定比率は

$$（固定資産合計 ÷ 純資産合計）× 100\%$$

の算式で求める」

江波君「固定比率にも望ましい数字というのがあるんですか？」

秋山君「固定資産はすべて純資産で賄う、すなわち固定比率は100%以下が望ましいとされている」

江波君「先輩の会社の貸借対照表で固定比率を計算すると以下のように53.1%なります。固定比率も問題がないと言えますね」

$$\frac{固定資産合計\quad 1,055,000}{純資産合計\quad 1,985,000} × 100 = 53.1\%$$

5　損益計算書の内容

秋山君「次は損益計算書の内容を吟味してみよう」

江波君「はい」

秋山君「これが信用機関から入手した江波君の先輩の会社の損益計算書だ」

と言って、以下の表を示します。

```
            損 益 計 算 書
  （2020 年 4 月 1 日～ 2021 年 3 月 31 日現在）（単位：千円）
売  上  高                          5,000,000
売 上 原 価                          3,950,000
    売上総利益                        1,050,000
販売及び一般管理費                       432,000
    営 業 利 益                        618,000
営業外収益                             7,000
営業外費用                            25,000
    税引前当期利益                       600,000
法人税等                             240,000
    当 期 利 益                        360,000
```

江波君「これはどう見るのですか？」

秋山君「損益計算書は、一定期間における当期利益の獲得過程を示すために収益と費用を一覧にしたものだよ。収益から費用を控除したのが当期利益になる」

江波君「どれが収益で、どれが費用ですか？」

秋山君「売上高と営業外収益が収益で、売上原価、販売及び一般管理費。営業外費用、そして法人税等が費用だ」

江波君「どうして収益と費用を交互に表示しているのですか？収益は収益でまとめて、費用は費用でまとめて表示した方が当期利益が計算し易いのではないですか？」

秋山君「そういう表示方法もあるよ。貸借対照表のように左右に分けて、左側に費用を、右側に収益を表示する方法だよ」

江波君「そのほうがわかりやすいと思うんだけどな…？」

秋山君「確かに、そのような考えもある。しかし江波君の先輩の会社の

損益計算書のような表示方法は、売上総利益、営業利益、税引前
当期利益、当期利益、と複数の利益を段階的に表示することがで
きる」

江波君「そこに何らかのメリットがあるということですか？」

秋山君「後で取り上げるけれど、これらの段階的な利益の表示は、会社
の収益性の構造を分析するのに有益な情報を提供するんだ」

江波君「わかりました。後を楽しみにしています」

江波君「ところで、この損益計算書には“2020 年 4 月 1 日から 2021
年 3 月 31 日まで”とありますが、これはどういう意味ですか？」

秋山君「損益計算書は、2020 年 4 月 1 日から 2021 年 3 月 31 日までの
1 年間において会社が顧客に提供した物品やサービスの価値であ
る収益と、その収益を獲得するために同期間において購入して消
費した物品やサービスの価値である費用の合計金額を表示してい
ることを示しているんだ」

江波君「なるほど、貸借対照表は 2021 年 3 月 31 日現在という一時点
で保有している財産の残高を表示するが、損益計算書は 1 年と
いう期間で顧客に提供した価値と同期間で消費した価値の合計金
額を示すのか？両者の役割には違いがあるんですね」

江波君「ところで、損益計算書の売上高はわかるんですが売上原価とい
うのは何ですか？」

秋山君「会社には物品を販売する会社とサービスを提供する会社があ
る」

江波君「そうですね!?」

秋山君「物品を販売する会社は、販売する商品を自ら製造するか、他者
が生産したものを仕入れる。そしてそれを販売する。その販売し
た商品の製造原価もしくは仕入金額が売上原価だ」

江波君「すると売上原価は物品を販売する会社に特有のものということ
ですが？」

秋山君「そのとおり」

江波君「念のための確認ですが、サービスを提供する会社の場合は売上
　　　　原価という項目はないのですね」

秋山君「ない」

きっぱりと言い切る秋山君です。

6　損益計算書から得られる情報

江波君「ところで、この損益計算書から、何がわかるのですか？」

秋山君「まずは、会社の成長性だな」

江波君「成長性って何ですか」

秋山君「会社が大きくなっているかどうかだ。"売上高"は会社が顧客
　　　　に提供した物品やサービスの価値を表している。この数字が年々
　　　　伸びているということは、物品やサービスを提供する顧客数、も
　　　　しくは提供する頻度が増えているということであり、会社の事業
　　　　が拡大していることを意味する」

江波君「なるほど」

秋山君「したがって、損益計算書の売上高の時間的変化を分析すること
　　　　によって会社の成長性に関する情報を得ることができる」

と言って、以下の表を示します。

2020 年度と 2019 年度の損益計算書の時系列比較

	年　　　度		増　加（減　少）	
	2020	2019	金　　額	％
売上高	5,000,000	4,200,000	800,000	19.0
売上原価	3,950,000	3,500,000	450,000	12.8
売上総利益	1,050,000	700,000	350,000	50.0
販売費一般管理費	432,000	400,000	32,000	8.0
営業利益	618,000	300,000	318,000	106.0
営業外利益	7,000	3,000	4,000	133.3
営業外費用	25,000	35,000	(10,000)	(28.6)
税引き前利益	600,000	268,000	332,000	123.8
法人税等	240,000	168,000	72,000	42.8
当期利益	360,000	100,000	260,000	260.0

秋山君「これは先輩の会社の損益計算書の 2020 年度（2019 年 4 月 1 日〜 2020 年 3 月 31 日）と 2020 年度（2020 年 4 月 1 日〜 2021 年 3 月 31 日）の変化（増減）を金額と比率の両方で示したものだ」

江波君「はい、わかります」

秋山君「これによると、2020 年度の売上高は金額でも比率でも増加している。また収益の合計と費用の合計の差額である当期利益も、2020 年度は増加している。このことから、江波君の先輩の会社の事業規模が拡大していることが読み取れる」

江波君「なるほど」

秋山君「ここで示したのは前年度と今年度の 2 年分の比較だが、成長性の分析では 3 − 5 年分の財務データの比較・分析がより有益な情報を提供する」

江波君「了解です」

秋山君「次は売上高利益率だ。売上高と売上原価の差額を売上総利益、あるいは販売マージンなどというが、売上高に対する売上総利益

の割合を売上高総利益率というんだ。売上高総利益率は、

$$（売上総利益 ÷ 売上高）× 100\%$$

の算式で求める」

江波君「これから何がわかるんですか？」

秋山君「自社の商品に個性や特徴があれば他社の商品との価格競争を避け、高いマージンを上乗せした販売価格を設定することができるので、売上高総利益率は高くなる。すなわち売上総利益率の大きさは、自社の商品の市場での競争力の大きさを示すのだ」

江波君「売上高総利益率にも望ましい数字というのはあるんですか？」

秋山君「もちろんあるが、会社の商売の仕方によって異なる。一般的には小売業では 20％、製造業では 30％くらいが望ましいと言われている」

江波君「先輩の会社の損益計算書の数字をもとに売上高総利益率を計算すると以下のように 21％になります。まあまあの数字でしょうか？」

秋山君「そうだね」

$$\frac{売上高総利益\quad 1,050,000}{売上高\quad 5,000,000} × 100 = 21\%$$

秋山君「次は売上高当期利益率だ」

江波君「売上高に対する当期利益の割合ですね」

秋山君「そのとおり。売上高当期利益率は、

$$（当期利益 ÷ 売上高）× 100\%$$

の算式で求める」

江波君「これからは何がわかるのですか？」

秋山君「これまで何度も言ったように、当期利益は収益から費用を控除して計算する。したがって、売上高に対する費用の割合が小さい場合は当期利益は大きくなり、売上高当期利益率が高くなる」

江波君「そうですね。それで？」

秋山君「すなわち売上高当期利益率は、会社の商品の市場での競争力、販売や管理活動の効率性、財務活動の巧みさまでを含んだ会社の総合的な競争力を示しているんだ」

江波君「これにも望ましい数字というのはあるんですか？」

秋山君「大体 5 〜 10％と言われている」

江波君「先輩の会社の損益計算書で売上高当期利益率を計算すると以下のように 7.2％になります。これもまあまあですかね」

秋山君「そうだね」

$$\frac{当期利益\quad 360,000}{売上高\quad 5,000,000} \times 100 = 7.2\%$$

秋山君「以上で分析終了だ。この貸借対照表と損益計算書の分析の結果を課長に報告しよう。報告書を作ってくれ、江波君」

江波君「はい、わかりました」

　新規取引を申し込んできた江波君の先輩の会社の財務状況、取引先や近隣のうわさ等の調査結果を検討した結果、営業 3 課では取引を開始するという結論に達しました。

　そして、以下を含む取引条件を決定し、書面にまとめました。

- ✓ 支払は 1 か月分をまとめて支払う
- ✓ 支払期限は、取引月の翌月 10 日
- ✓ 売掛の限度額は 500 万円
- ✓ 月の途中に売掛けの限度額に達したときは、即時に販売代金の一部を現金で支払うこととし、現金支払いがあった場合は支払額と同額

を月中に出荷する

✓ 当方の要求に基づき、相応の担保を提供する

　来週中の都合の良い日時に江波君の先輩の会社の社長に来社してもらい、取引条件に合意できたら、営業部長と先輩の会社の社長の間で取引契約書に署名する準備を進めている秋山君です。

付属解説

1　信用調査の目的と方法

　まったく新しい個人や会社が“後日代金を支払う”という条件で取引を求めた場合、その言葉を信用できるかどうか、確実に代金を支払う能力と意思が先方にあるか否か、が重要です。それを確かめるために様々な調査を行います。これを信用調査といいます。

　信用調査は様々な角度から行います。主なものには以下があります。

✓ 過去の財務諸表から会社の活動の実態やこれまでの業績を調査する

✓ 取引先から評判を聞く

✓ 近隣のうわさを聞く

✓ その他

　これらの調査を実施し、疑問点がなければ取引条件（掛売りの上限、決済期日等）を書面に明確に定めて取引を開始することになります。

　さらに、取引開始後も以下のような点に注意する必要があります。

✓ 代金は決済条件どおりに支払われているか？

✓ 掛売りの金額（売掛金）は、契約書に定めた金額を超えていないか？

✓ 最近は代金の支払いが遅れることがある、商品が倉庫にあふれてい

　　　る、などの悪い噂が取引先に出ていないか？

✓　その他

2　財務諸表の吟味

1）財務諸表とは？

　会社の財産の状況や業績を表示するのが財務諸表です。財務諸表は、決算書、計算書類などとも呼ばれます。

　会社は1年に一度は決算をして、財務諸表を作成・公表しなければなりません。財務諸表は、会社の"通信簿"あるいは"成績表"というべきものです。

　財務諸表には複数の書類が含まれていますが、すべての会社が作成するのが貸借対照表と損益計算書です。大会社や上場会社は、キャッシュ・フロー計算書も作成します。これらは**財務3表**と呼ばれています。

2）写真より動画

　"百聞は一見にしかず"と言って、ある事実を確認するのに言葉よりも写真が重宝されました。今はどうでしょうか？写真よりも動画が好まれるのではないでしょうか？写真は一時点のものであるのに対し、動画は時間の経過に伴う動きを表現してくれることが理由にあります。

　これと同じように、財務諸表の情報を吟味する際にも、単に一期間の財務諸表を吟味するのではなく、数期間の財務諸表を時系列的に比較してみることによって、会社の財産の状況や営業活動が良くなっているのか悪くなっているのかなど、変化の状況を読み取ることができます。

ケース 15：「取引先のモニタリング…？」

　江波君は、大学の先輩がいる会社の担当者になりました。

　秋山君は、取引開始後の注意点、特に取引先の経営状況の継続的なモニタリングの必要性について江波君に話をしています。

1　信用取引と売掛金

秋山君「先日、江波君の先輩の会社の貸借対照表を分析したときに売掛
　　　　金の残高が 594,000 千円（5 億 9,400 万円）あったのを覚えて
　　　　いるかい？」

江波君「はい覚えています」

秋山君「売掛金は販売代金を回収する権利だから、これが大きければ、
　　　　将来回収できる代金の額も大きいということになる」

江波君「売掛金の額は多い方がいいんですね」

秋山君「ところが、そうとばかり言えないんだ」

江波君「どうしてですか？」

2 売掛金が増える背景

秋山君「例えば、販売代金を販売した月の翌月1日に回収するという
条件の信用取引で月間の売上高が100万円の場合、月末の売掛
金の残高、すなわち販売代金の未回収金額は100万円になるよ
ね。しかし、販売代金を販売した月の翌々月1日に回収すると
いう条件の信用取引では、2か月後の月末においては、2か月分
の販売代金に相当する200万円が売掛金の残高になる」

江波君「そうか。回収期間が長くなればなるほど、売掛金の残高は多く
なるのですね」

秋山君「そういうことだね。また、回収期間が1か月の場合でも、月
間の売上高が100万円の場合、月末の売上高は100万円が、月
間の売上高が200万円の場合は、月末の売掛金は200万円に増
える」

江波君「なるほど。回収期間が同じでも、月間の売上高が増えれば売掛
金の残高は多くなるのか」

秋山君「したがって、例えば、新規取引が増えて売掛金の回収期間を長
くした、あるいは月間の売上高が増えているなどの事情がある場
合は売掛金が増えるのは当然と言える。この種の売掛金の増加
は、さほど心配することはないんだ」

江波君「ということは、心配な売掛金の増加もあるということですか?」

秋山君「そうなんだ」

秋山君「例えば、売上を伸ばすために信用取引の顧客を無理に増やして
いるなどの事情がある場合、結果として回収困難な売掛金の残高
が増えてしまう場合がある」

江波君「そうですね。心配ですね」

秋山君「このような売掛金は、回収に長期間を要したり、売掛金の一部

もしくは全部が回収困難に陥ることも珍しくない」

江波君「回収できなければ、入ってくるはずのお金が入ってこなくなる！」

秋山君「そういうことだ」

秋山君「また、表面的な売上を伸ばすために "代金の支払いはいつでもいいから商品を引き取ってほしい" という申し出をして商品を顧客に無理に引き渡すこともある。いわゆる押込販売だ」

江波君「どこに押込むのですか？」

秋山君「押込先は、なじみ深い取引先やグループ会社などが多い。この場合も回収困難な売掛金が増えることになる」

江波君「回収できない売掛金が増えると、その会社の資金繰りが大変になりますね」

秋山君「そのとおり」

3　売掛金回転率

江波君「回収困難な売掛金の存在を把握する方法はないのですか？」

秋山君「先ほども言ったけど、売上高と売掛金残高は比例して変動する関係にあので、この関係に変化がないか否かを吟味することが回収困難な売掛金の存在を把握する出発点になる」

江波君「売上高と売掛金の関係ですか？」

秋山君「売上高が売掛金の何倍になっているかを示す売掛金回転率のことだよ」

江波君「売掛金回転率はどのようにして計算するのですか？」

秋山君「売掛金回転率は

$$売上高 ÷ 売掛金$$

の算式で求める」

江波君「具体例でお願いします」

秋山君「例えば、年間売上高4,800万円に対して売掛金残高が600万円であれば、4,800万円÷600万円で売掛金回転率は8になる。もし売掛金残高が1,200万円であれば、売掛金回転率は4に低下したことになる」

江波君「この売掛金回転率の低下は、何を意味するのですか？」

秋山君「売掛金回転率が低下しているという場合は、商品を販売してから代金を回収するまでの回収期間が延びているということになる」

江波君「そうですね。それで？」

秋山君「もし江波君の先輩の会社の売掛金回収期間が長くなっているのならば、会社の方針として回収期間を延ばしているのか、回収困難な売掛金が増えてているのか、慎重に吟味する必要がある」

江波君「仮に、回収困難な売掛金が増えていると判断される場合、どのような事態が起こると考えられますか？」

秋山君「本来であれば顧客から回収できるお金が回収できていないのだから、会社の資金繰りが苦しくなるだろう」

江波君「そうすると…？」

秋山君「当然、安心フーズへの代金支払いも滞ることが予想される！」

江波君「先輩の会社で回収困難な売掛金が増えていると判断される場合は、どう対応すればよいのですか？」

秋山君「安心フーズの販売代金が期日どうりに回収されているか否かを、継続的にチェックする必要がある。もし、販売代金の回収が取引契約書にある取引条件を逸脱するようになったのならば、担保提供の要請や、最悪の場合は取引の縮小や中止も検討しなければならなくなる」

江波君「わかりました。心しておきます」

4　商品在庫が増える背景

秋山君が続けます。

秋山君「顧客の商品在庫が増えている場合にも注意が必要だ」

江波君「なぜですか？」

秋山君「商品を販売する事業を営んでいる以上、顧客の注文に即座に答えられるように、常に、なにがしかの商品を手元に確保しておくのが一般的だ」

江波君「いわゆる商品の手持在庫ですね。先輩の会社の貸借対照表に370,000千円（3億7,000万円）の商品の残高がありましたね」

秋山君「商品在庫は販売数量の一定割合を保有するのが一般的だ」

江波君「一定割合というと、如何ほどですか？」

秋山君「まず、仕入先に商品を発注してから納品されるまでの期間における販売見込数量は、在庫として保管すべきだ」

江波君「そうですね」

秋山君「他に、仕入先からの輸送が事故等で中断する場合のリスクも考えて、その期間の販売見込数量も在庫として確保するのが望ましい」

江波君「なるほど」

秋山君「したがって、売上高が多い会社ほど多くの在庫商品を抱えているのが一般的だし、売上高が伸びている会社の商品在庫の増加は心配することがないということだ」

江波君「ということは、売上が伸びていない会社の商品在庫の増加は心配だということですか？」

秋山君「一般的にはそうだが、例外もある。商品が手に入る時期に限りがある季節商品を年間を通して販売する会社の場合は、商品が手に入る時期に大量に仕入れる必要があるので、売上高に関係なく商品の在庫が増える」

江波君「なるほど」

秋山君「また相場がある商品を取り扱っている会社の場合は、相場が安いときに大量に購入することがある。この場合も売上高の伸びに関係なく商品の在庫が増える」

江波君「つまり、経営方針に基づいて季節商品や相場商品を一度に大量に仕入れる場合は、売上の伸びに関係なく商品在庫が増えても心配ないということですね」

秋山君「そういうことだ」

江波君「では、心配な商品在庫の増加というのはどういうものですか？」

秋山君「例えば、変色など品質が劣化した商品や流行おくれの商品は、もはや通常の販売方法や販売価格では販売できない。このような商品を多く抱えると、売上高は伸びないにもかかわらず商品在庫はどんどん膨れ上がる」

江波君「そうですね」

秋山君「大幅な値引を提示されて、一度に大量の商品を仕入れることもあるけれど、これも販売時期を失って販売困難な商品を抱え込む原因になる。また大量仕入れは、商品保管の倉庫代や保険料の増大にもつながる」

江波君「そうですね」

5　商品回転率

江波君「では、販売困難な商品を多く抱えていることを外部から発見する方法はありますか？」

秋山君「商品は顧客に販売されたときに売上高となると同時に、商品の仕入金額は売上原価になる。先ほども言ったように、商品在庫は販売数量の一定割合を保有するのが一般的だ。したがって、商品在庫と売上原価の関係に大きな変化がないか否かを吟味することが販売困難な商品在庫の存在を把握する出発点になる」

江波君「商品在庫と売上原価の関係ですか？」

秋山君「売上原価が商品残高の何倍になっているかを示す商品回転率のことだよ」

江波君「商品回転率はどのようにして計算するのですか？」

秋山君「商品回転率は、

> 売上原価 ÷ 商品残高

の算式で求める」

江波君「具体例でお願いします」

秋山君「例えば、年間売上原価 3,600 万円に対して商品残高が 400 万円であれば、商品回転率は 3,600 万円 ÷ 400 万円で 9 になる。もし商品残高が 900 万円であれば、商品回転率は 4 に低下したことになる」

江波君「この商品回転率の低下は、何を意味するのですか？」

秋山君「商品回転率が低下している場合は、商品を仕入れてから販売す

るまでの期間、すなわち販売期間が延びていることになる」

江波君「そうですね。それで？」

秋山君「もし江波君の先輩の会社の商品の販売期間が長くなっているのならば、会社の方針として販売期間を延ばしているのか、販売困難な商品を多く抱えているために長くなっているのか、慎重に吟味する必要がある」

江波君「仮に、販売困難な商品が増えていると判断される場合、どのような事態が起こると考えられますか？」

秋山君「本来であれば顧客に商品を販売して回収できるお金が回収できなくなるのだから、江波君の先輩の会社の資金繰りが将来的に苦しくなるだろう」

江波君「そうすると…？」

秋山君「当然、安心フーズへの代金支払いも滞ることが予想される」

江波君「先輩の会社で販売困難な商品が増えていると判断される場合は、どう対応すればよいのですか？」

秋山君「先方の会社のことだから、安心フーズが直接できることは限られる」

江波君「どんなことができますか？」

秋山君「先ほども言ったけど、品質が劣化した商品や流行遅れ商品は、もはや通常の方法では販売できない。しかし、それを保有しているだけで保管費や管理費がかかる」

江波君「そうですね」

秋山君「そこで、バーゲンセールで値引販売し、少しでも現金を確保すると同時に、在庫数量を減らして保管費や管理費を削減することが考えられる」

江波君「バーゲンセールでも売れ残った商品がある場合は、廃棄処分になりますか？」

秋山君「それも1つだが、その場合は廃棄に伴う経費がかかるかもしれない。それよりも、生活支援を目的に活動しているボランティア団体や災害被害者支援団体に寄付すれば感謝されるし、廃棄に

　　　伴う経費を節約することもできる」

江波君「なるほど」

秋山君「もし江波君の先輩の会社に販売困難な商品が増えていると考え
　　　られる場合は、そんなアドバイスをしてあげるといいと思うよ」

江波君「はい、心にとめておきます」

秋山君「販売困難な商品を抱え込まないために、少量、多頻度の仕入れ
　　　に徹するようにアドバイスすることもできるだろう」

江波君「はい、ありがとうございます」

ケース16：「財務の独立制…？」

　安心フーズでは、各部署の独立採算制を採用して資金管理を徹底することになりました。各部署で使用する資金は財務部で一括調達し、各部署に必要額を供給します。あらかじめ決められた額を超えて資金を使用した場合は、利息が付加されます。

1　現金収支の予算

　営業3課では、井上課長と上田女史、秋山君の3名が資金繰りについて話をしています。

> **井上課長**「営業3課は顧客に商品を販売するだけでなく、回収にも責任を持つことになった」
>
> **上田女史**「回収にも責任を持つって、どういうことですか？」
>
> **井上課長**「営業3課の活動に必要なお金は顧客から回収して使用するということだ」
>
> **秋山君**「目標営業利益1億円を達成すると同時に、必要な資金を自前で工面しろということですか？」
>
> **井上課長**「そういうことだ。工場が生産した商品は工場からの購入とみなして、代金を工場に支払うことになる」
>
> **上田女史**「すると、3課で使用する販売費や管理費の支払いも、顧客からの回収代金で賄うのですか？」

井上課長「そういうことだ」

秋山君「もし、販売代金の回収額で工場への代金支払いや販売費・管理費の支払いに必要な資金を賄いきれない場合は、どうなるのですか？」

井上課長「財務部が一時的に融通してくれるが、融通額には年 6％の利息が付く」

上田女史「会社の中で利息を取るのですか？それも 6％も！」

秋山君「目標利益 1 億円を達成し、その中から財務部に利息を支払えということなんですね」

井上課長「そのとおり」

上田女史「すると、年間の売上目標 5 億円の内、何月にいくら売り上げ、その代金をいつ回収するのかを見積もる必要がありますね」

秋山君「同時に、何月に工場からいくら購入し、その代金をいつ支払うのかを見積もる必要もありますね！」

上田女史「販売費や管理費が、何月にいくら必要で、それをいつ支払うかも見積もる必要があるわ」

井上課長「そういうことだ、ただし、売上や仕入れ、代金の回収や支払いは四半期ごとの見積もりでよいそうだ。また、予算の作成に必要な資料は、確か期首の貸借対照表と言っていたと思うけど、経理課が作成し、今日中に届けてくれるそうだ」

上田女史「四半期ごとなら、だいぶ楽そうだ」

秋山君「楽そうだっていうけど、上田主任、経験あるんですか？」

上田女史「あるわよ、大学の会計の授業中に何度もやらされたわ」

秋山君「…そっ、そうですか、また大学ですか…」

井上課長「様々な情報を収集しなければならない。結構な "力" 仕事だ。上田君、秋山君と協力して現金収支に関する予算を作ってくれないかな？」

上田女史「わかりました。いつまでにやればよいですか？」

井上課長「来週の金曜日までにできるかな？」

上田女史「大丈夫です。任せてください」

> **秋山君**「上田主任、よろしくお願いします」

2　作成手順

さっそく会議室に移動した上田主任と秋山君です。
上田女史が現金収支予算の作り方について、秋山君に説明中です。

> **上田女史**「会社全体もしくはある部署全体の将来の期間の活動を計画し管理する予算を統合予算と呼ぶわ」
>
> **秋山君**「統合予算って何を表現するのですか？」
>
> **上田女史**「統合予算は、会社もしくはある部署が活動する上で関係する現金、売掛金や買掛金、商品、借入金、売上高、売上原価、販売及び管理費、支払利息などの金額で表示するのよ」
>
> **秋山君**「営業 3 課の統合予算はどうなりますか？」
>
> **上田女史**「営業部門の統合予算では、まず、目標利益を達成するために必要な商品の販売数量の目標を立てるのよ」
>
> **秋山君**「営業 3 課の目標営業利益は 1 億円で、これを達成するための売上高は 5 億円、商品の平均販売単価は 2,500 円で、商品の目標販売数量は 20 万個になります」
>
> **上田女史**「そうだったわね。この販売数量に基づいて、売上高および回収金額に関する販売予算、仕入数量と仕入額および支払額に関する仕入予算、販売・管理活動用の物品やサービスの購入と支払額に関する販売管理費予算、そして最終的に現金収支に関する現金収支予算を作成するのよ」
>
> **秋山君**「ひぇ～、ものすごい量ですね！」
>
> **上田女史**「4 つの予算の関係を一覧にすると、このようになるわ」

と言って、下記の図をホワイトボードに書きました。

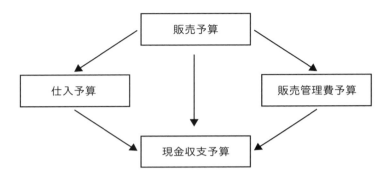

> **上田女史**「このように、販売予算がすべての予算の出発点になるのよ。そして、最終的に現金収支予算をつくるのよ」
>
> **秋山君**「予算は四半期ごとに作るわけだから、最初に、目標販売数量20万個を各四半期ごとの販売見込数量に割りふる必要がありますね」
>
> **上田女史**「そうね。でもそれだけじゃないわ。予算を作るには様々な仮定が必要よ」
>
> **秋山君**「どんな仮定が必要なのですか？皆目見当がつきませんが！」
>
> **上田女史**「大丈夫よ、予算作成に必要な仮定のリストがあるから、明日持ってくるわ。それに従って営業3課の予算作成に必要な仮定を作ればいいのよ」
>
> **秋山君**「ほんとですか？助かります」
>
> **秋山君**「ところで、その仮定は適当でいいのですか？」
>
> **上田女史**「とんでもない。この仮定は架空のものではなく、過去の経験と来期の活動の予想を基にして作らなければ意味がないわ」
>
> **秋山君**「じゃあ、営業3課の過去の活動実績と来期の活動予想が必要ということですね」
>
> **上田女史**「そうね、それともう1つ、営業3課の期首の貸借対照表が

　　　　必要になるわ。これは"経理課が今日中に届けてくれる"って、
　　　　課長が言っていたわね」

秋山君「そんなこと言ってましたね」

上田女史「各予算を作るためのテンプレートもあるから、一緒に持って
　　　　くるわ。それを埋めれば、各予算は作れるようになっているわ」

秋山君「ありがとうございます。よろしくお願いします」

上田女史「じゃ、明日から頑張りましょう。10時に、この会議室に集
　　　　合でいいわね」

秋山君「はい、いいです」

3　販売予算

次の日の朝、午前10の会議室です。

上田女史「昨日、経理課から届いた営業3課の期首の貸借対照表よ」

と言って以下の表を示します。

営業3課の期首貸借対照表

（単位：千円）

（資産の部）		（負債の部）	
（流動資産）		（流動負債）	
現　　　金	15,000	買　掛　金	30,000
売　掛　金	20,000	流動負債合計	30,000
商品（2,000個）	3,000		
流動資産合計	38,000		
（固定資産）		（純資産の部）	
設備及び備品	41,000	見做し資本金	28,000
減価償却累計額	(21,000)	純資産合計	28,000
固定資産合計	20,000		
資産合計	58,000	負債・純資産合計	58,000

上田女史「この中のいくつかの数値、例えば現金、売掛金、商品、買掛金などは来期の予算の作成に必要な情報よ」

秋山君「へぇ、そうなんですか！」

上田女史「それから、これが予算作成に必要な仮定のリストよ。予算ごとに仮定する項目が書いてあるわ」

秋山君「このリストにある項目について、過去の営業3課の活動と来期の活動予想に基づいて、仮定を作るのでしたね」

上田女史「そうよ、じゃあ、さっそく販売予算から始めましょうか？」

秋山君「はい」

上田女史「これが販売予算のテンプレートよ」

と言って、次の表をパワーポイントでホワイトボードに写しました。

販売予算

（単位：千円）

売　上　高					
	第1四半期	第2四半期	第3四半期	第4四半期	年間合計
販売数量					
販売単価					
売上高					
現　金　回　収　金　額					
期首売掛金					
第1四半期					
第2四半期					
第3四半期					
第4四半期					
回収額合計					

　上田女史から受け取った仮定のリストに基づいて、秋山君が設定した販売予算に係る「仮定」は以下のとおりです。

> ・予想販売数量：第 1 四半期 20,000 個、第 2 四半期 80,000 個、
> 　　　　　　　　第 3 四半期 60,000 個、第 4 四半期 40,000 個、
> 　　　　　　　　年間合計 200,000 個
> ・翌年の第 1 四半期の予想販売数量：30,000 個
> ・平均販売単価：2,500 円
> ・販売した四半期中に現金を回収する割合：80％
> ・販売した翌四半期に現金を回収する割合：20％

上田女史「販売予算のテンプレートは上半分が売上高、下半分が現金回収金額の予算になっているわ」

秋山君「そうですね。これをどう使うのですか？」

上田女史「まず、秋山君が作った仮定に基づいて各四半期の販売数量のコラムを埋める。それに仮定した販売単価 2,500 円を乗じたものが各四半期の売上高になるわ」

秋山君「第 1 四半期の販売数量は 2 万個だから、売上高は 50,000 千円（5,000 万円）ですね」

と言って秋山君が作ったのが次の表です。

販売予算

（単位：千円）

	売　上　高				
	第 1 四半期	第 2 四半期	第 3 四半期	第 4 四半期	年間合計
販売数量	20,000 個	80,000 個	60,00 個	40,000 個	200,000 個
販売単価	2.5				
売上高	50,000				

> **上田女史**「このうち 80％の 40,000 千円（4,000 万円）は第 1 四半期に
> 回収され、残り 20％の 10,000 千円（1,000 万円）は第 2 四半期
> に回収されわ」

と言って、上田女史は現金回収金額のコラムを埋めます。

販売予算

(単位：千円)

売　上　高					
	第 1 四半期	第 2 四半期	第 3 四半期	第 4 四半期	年間合計
販売数量	20,000 個				
販売単価	2.5				
売上高	50,000				
	80%	20%			
現　金　回　収　金　額					
期首売掛金	20,000				
第 1 四半期	40,000	10,000			
第 2 四半期					
回収額合計	60,000				

> **秋山君**「期首売掛金 20,000 千円って何ですか？」
> **上田女史**「期首貸借対照表にあった売掛金 20,000 千円よ。これは、前
> 年の第 4 四半期の販売代金のうち未回収だったもので、この第 1
> 四半期に回収されるものよ」
> **秋山君**「なるほど」
>
> **上田女史**「これと同じ要領で第 2 四半期以降の売上高と回収額のコラ
> ムを埋めていくのよ」
> **秋山君**「わかりました」

と言って秋山君が完成させたのが以下の販売予算の表です。

販売予算

（単位：千円）

売 上 高					
	第1四半期	第2四半期	第3四半期	第4四半期	年間合計
販売数量	20,000 個	80,00 個	60,000 個	40,000 個	200,000 個
販売単価	2.5	2.5	2.5	2.5	
売上高	50,000	200,000	150,000	100,000	500,000
	80%	20%			
現 金 回 収 金 額					
期首売掛金	20,000				20,000
第1四半期	40,000	10,000			50,000
第2四半期		160,000	40,000		200,000
第3四半期			120,000	30,000	150,000
第4四半期				80,000	80,000
回収額合計	60,000	170,000	160,000	110,000	500,000

上田女史「この販売予算の最下段の現金の回収額合計は現金収支予算に反映されのよ」

秋山君「最下段の数字が大事なんですね」

上田女史「そうよ。次は仕入予算だけど、ちょっと一休みしましょう」

秋山君「いいですね。コーヒーを入れてきます」

4　仕入予算

　営業3課は、販売する商品を工場から購入し、代金を支払います。これに関する仕入予算は販売予算にもとづいて作成します。

上田女史「じゃあ、仕入予算にかかりましょうか」
秋山君「はい」
上田女史「これが仕入予算のテンプレートよ」

と言って、次の表をパワーポイントでホワイトボードに写します。

仕入予算

(単位：千円)

仕 入 高					
	第 1 四半期	第 2 四半期	第 3 四半期	第 4 四半期	年間合計
販売数量					
期末在庫数					
合　計					
期首在庫数					
仕入必要量					
仕入単価					
仕入高					
現 金 支 払 金 額					
期首買掛金					
第 1 四半期					
第 2 四半期					
第 3 四半期					
第 4 四半期					
支払額合計					

　そして、仕入予算作成のために秋山君が設定した「仮定」は以下のとおりです。

・商品期末手持残高：翌四半期の販売数量の 10%
・平均仕入単価：1,200 円
・仕入れた四半期中に現金を支払う割合：70%
・仕入れた翌四半期に現金を支払う割合：30%

上田女史「仕入予算のテンプレートは上半分が仕入高、下半分が現金支払金額の予算になっているわ」

秋山君「これはどう使うのですか？」

上田女史「仕入予算を作るには、まず、各四半期に仕入れなければならない商品数量、すなわち仕入必要量を見積もります」

秋山君「どのようにして見積もるんですか？」

上田女史「各四半期の仕入必要量は各四半期の販売数量に、期末に手持ちする在庫数量、つまり期末在庫数を加え、期首に手持ちの在庫数量、つまり期首在庫数を控除することによって計算できるのよ」

秋山君「各期の販売数量は販売予算から得られますね。期末に手持ちする在庫数量は、仮定から、翌四半期の販売量の 10%ですね」

上田女史「そのとおり。この期末在庫数は次の四半期の期首在庫数になるわ」

秋山君「期首在庫数を控除するのは何故ですか？」

上田女史「期首在庫数は期中に販売することができるので、その分は期中に仕入れする必要はないわ。そこで、仕入必要量を計算する際に控除するのよ」

秋山君「なるほど」

上田女史「第 1 四半期の仕入必要量は、販売数量 20,000 個に、第 2 四半期の販売数量 80,000 個の 10%の 8,000 個を期末在庫数として加算し、第 1 四半期の期首在庫数 2,000 個を控除して計算するのよ」

秋山君「すると第1四半期の仕入必要量は 26,000 個になりますね」

と言って秋山君が作ったのが、次の表です。

仕入予算

(単位：千円)

	第 1 四半期	第 2 四半期	第 3 四半期	第 4 四半期	年間合計
仕　入　高					
販売数量	20,000 個	80,000 個 10%	60,000 個	40,000 個	200,000 個
期末在庫数	8,000				
合　計	28,000				
期首在庫数	(2,000)	(8,000)			
仕入必要量	26,000				
仕入単価					
仕入高					

秋山君「ところで、第1四半期の期首在庫数 2,000 個というのは何ですか？」

上田女史「前年度の第4四半期の期末在庫数よ。この分は第1四半期中に仕入れなくとも販売することができるから、仕入必要量を計算する際は控除するのよ」

秋山君「なるほど。これはどのようにして入手するのですか」

上田女史「期首の貸借対照表からよ」

秋山君「わかりました」

上田女史「次は、各四半期の仕入高の計算ね。各四半期の仕入高は、先ほどの仕入必要量に秋山君の仮定で示された仕入単価 1,200 円を乗じたものになるわ」

秋山君「この計算は簡単ですね」

と言って秋山君が作ったのが次の表です。

仕入予算

（単位：千円）

仕　入　高					
	第1四半期	第2四半期	第3四半期	第4四半期	年間合計
販売数量	20,000 個	80,000 個 10%			
期末在庫数	8,000				
合　計	28,000				
期首在庫数	（2,000）	（8,000）			
仕入必要量	26,000				
仕入単価	1.2				
仕入高	31,200				

> **上田女史**「第2四半期以降も同じ要領で仕入必要量と仕入高を計算するのよ」
>
> **秋山君**「わかりました。ところで第4四半期の期末在庫量は、どのようにして計算するのですか？」
>
> **上田女史**「翌年の第1四半期の販売数量は 30,000 個と予想されるので、その 10％の 3,000 個を第4四半期の期末在庫数とするのよ」
>
> **秋山君**「わかりました」
>
> **上田女史**「次は仕入代金の支払額の計算ね」
>
> **秋山君**「はい」
>
> **上田女史**「秋山君の仮定により、第1四半期の仕入金額 31,200 千円のうち 70％の 21,840 千円は第1四半期中に支払われ、残り 30％の 9,360 千円は第2四半期に支払われるから、こうなるわね」

と言って上田女史が作ったのが次の表です。

仕入予算

（単位：千円）

	第1四半期	第2四半期	第3四半期	第4四半期	年間合計
仕 入 高					
仕入高	31,200				
	70%	30%			
現 金 支 払 金 額					
期首買掛金	30,000				
第1四半期	►21,840	9,360			
第2四半期					
支払額合計	51,840				

> **秋山君**「第1四半期の期首買掛金 30,000 千円は何ですか？」
>
> **上田女史**「これは、前年の第4四半期の仕入代金のうち、未払いであったものよ。これは、この第1四半期に支払われるわ」
>
> **秋山君**「この金額はどうやって入手するんですか？」
>
> **上田女史**「これも期首の貸借対照表からよ」
>
> **秋山君**「了解です」
>
> **上田女史**「以下、第2から第4四半期までの仕入代金の支払額も同じ要領で計算するのよ」
>
> **秋山君**「はい、わかりました」

と言って秋山君が完成させたのが、以下の仕入予算の表です。

仕入予算

（単位：千円）

	第１四半期	第２四半期	第３四半期	第４四半期	年間合計
仕　入　高				翌期予想の10%	
販売数量	20,000 個	80,000 個	60,000 個	40,000 個	200,000 個
		10%	10%	10%	10%
期末在庫数	8,000	6,000	4,000	3,000	3,000
合　　計	28,000	86,000	64,000	43,000	203,000
期首在庫数	（2,000）	（8,000）	（6,000）	（4,000）	（2,000）
仕入必要量	26,000	78,000	58,000	39,000	201,000
仕入単価	1.2	1.2	1.2	1.2	1.2
仕入高	31,200	93,600	69,600	46,800	241,200
	70%	30%			
現　金　支　払　金　額					
期首買掛金	30,000				30,000
第１四半期	21,840	9,360			31,200
第２四半期		65,520	28,080		93,600
第３四半期			48,720	20,880	69,600
第４四半期				32,760	32,760
支払額合計	51,840	74,880	76,800	53,640	257,160

> **上田女史**「最下段の現金の支払額合計は現金収支予算に反映されのよ」

5　販売管理費予算

販売管理費予算は、販売活動および管理活動に関する予算です。

秋山君「次は販売管理費予算ですね」

上田女史「販売管理費は、変動費と固定費に分けて設定すると簡単よ」

秋山君「変動費は販売数量に比例て増減するもので、固定費は販売数量
　　　　に関係なく一定額が発生するものですね」

上田女史「だいぶわかってきたじゃない」

秋山君「上田主任のおかげで〜す」

上田女史「これが販売管理費予算のテンプレートよ。固定費の中の項目
　　　　は営業３課の固定費に合わせた項目になっているけど、自由に
　　　　変えられるわ」

と言って、次の表をパワーポイントでホワイトボードに写します。

販売管理費予算

（単位：千円）

	販　売　お　よ　び　管　理　活　動　費				
	第１四半期	第２四半期	第３四半期	第４四半期	年間合計
販売数量					
１個当たり変動販売費					
変動費合計					
固定費					
支払給料					
広告宣伝費					
旅費交通費					
火災保険料					
減価償却費					
固定費合計					
販売管理費合計					
（控除）減価償却費					
現金支払額					

　また、販売管理費予算のために秋山君が設定した「仮定」は以下のとおりです。

・変動販売費：販売商品 1 個当たり 300 円
・固定販売管理費（各四半期）
　支払給料：11,000 千円、広告宣伝費：4,000 千円、旅費交通費：2,000 千円、火災保険料：1,000 千円、減価償却費：7,000 千円

上田女史「変動費の予算は、販売数量に 1 個当たり変動販売費を乗じて計算するのよ」

秋山君「各期の販売数量は販売予算から得られます。仮定により、1 個当り変動販売費は 300 円だから、第 1 四半期の販売数量 2 万個のための変動費は 6,000 千円になります」

上田女史「そうね」

秋山君「各四半期の固定費は、仮定にあるものを入れていけばいいんですよね」

上田女史「そうよ」

と言って秋山君が作ったのが、次の表です。

販売管理費予算

（単位：千円）

	第 1 四半期	第 2 四半期	第 3 四半期	第 4 四半期	年間合計
販 売 お よ び 管 理 活 動 費					
販売数量	20,000 個	80,000 個	60,000 個	40,000 個	200,000 個
1 個当たり変動販売費	0.3				
変動費合計	6,000				
固定費					
支払給料	11,000				
広告宣伝費	4,000				
旅費交通費	2,000				
火災保険料	1,000				
減価償却費	7,000				
固定費合計	25,000				
販売管理費合計	31,000				
（控除）減価償却費					
現金支払額					

上田女史「第 2 四半期以降の変動費と固定費も同じ要領で作ればいいのよ」

秋山君「はい、わかりました」

と言って秋山君が作ったのが次の表です。

販売管理費予算

（単位：千円）

販　売　お　よ　び　管　理　活　動　費					
	第 1 四半期	第 2 四半期	第 3 四半期	第 4 四半期	年間合計
販売数量	20,000 個	80,000 個	60,000 個	40,000 個	200,000 個
1 個当たり変動販売費	0.3	0.3	0.3	0.3	0.3
変動費合計	6,000	24,000	18,000	12,000	60,000
固定費					.
支払給料	11,000	11,000	11,000	11,000	44,000
広告宣伝費	4,000	4,000	4,000	4,000	16,000
旅費交通費	2,000	2,000	2,000	2,000	8,000
火災保険料	1,000	1,000	1,000	1,000	4,000
減価償却費	7,000	7,000	7,000	7,000	28,000
固定費合計	25,000	25,000	25,000	25,000	100,000
販売管理費合計	31,000	49,000	43,000	37,000	160,000
（控除）減価償却費					
現金支払額					

> **上田女史**「変動費は年間合計で 60,000 千円、固定費の年間合計は、ちょうど 100,000 千円（1 億円）ね」
>
> **秋山君**「変動費と固定費の合計金額 160,000 千円が販売管理費になります」
>
> **上田女史**「このうち減価償却費は、過去に購入した固定資産の購入金額を配分したものだから、各四半期においては実際の現金支出はないわ」
>
> **秋山君**「そうですね」
>
> **上田女史**「四半期ごとの販売管理費のための現金支払金額を求めるには、各期の販売管理費合計から減価償却費を控除する必要があるわ」
>
> **秋山君**「わかりました」

と言って秋山君が完成させたのが、次の販売管理費予算です。

販売管理費予算

（単位：千円）

	販　売　お　よ　び　管　理　活　動　費				
	第 1 四半期	第 2 四半期	第 3 四半期	第 4 四半期	年間合計
販売数量	20,000 個	80,000 個	60,000 個	40,000 個	200,000 個
1 個当たり変動販売費	0.3	0.3	0.3	0.3	0.3
変動費合計	6,000	24,000	18,000	12,000	60,000
固定費					
固定費合計	25,000	25,000	25,000	25,000	100,000
販売管理費合計	31,000	49,000	43,000	37,000	160,000
（控除）減価償却費	7,000	7,000	7,000	7,000	28,000
現金支払額	24,000	42,000	36,000	30,000	132,000

上田女史「最下段の現金支払金額が現金収支予算に反映されるのよ」

6　現金収支予算

　販売予算、仕入予算、販売管理費予算にもとづいて、現金収支予算を作ります。

　安心フーズでは、来年度から、もし四半期ごとの収入が支出を下回る場合は、財務部から借り入れて資金を調達します。社内からの借入れでも、所定の利率で利息を支払います。

上田女史「いよいよ現金収支予算ね」
秋山君「そうですね！上手くいくか、ドキドキしますね」

　現金収支予算のために秋山君が設定した「仮定」は以下のとおりです。

・四半期末における最低手持現金：10,000 千円
・備品購入額：第 1 四半期 6,000 千円、第 2 四半期 4,000 千円、
　第 3 四半期 3,000 千円、 第 4 四半期 2,000 千円、 年間合計
　15,000 千円
・社内借入金の利率：年 6%
・借入れは 10,000 千円単位で行う
・借入れは資金が不足する四半期の最初の日に行う
・借入れの返済及び利息の支払いは、余裕資金がある四半期の最後
　の日に行う

上田女史「これが現金収支予算のテンプレートよ」

と言って、次の表をパワーポイントでホワイトボードに写します。

現金収支予算

(単位：千円)

	第 1 四半期	第 2 四半期	第 3 四半期	第 4 四半期	年間合計
期首現金残高					
販売代金回収額					
現金利用可能額					
支払額					
仕入代金					
販売管理費					
備品購入額					
支払合計					
現金超過（不足）					
資金調達					
借入れ					
返済					
支払利息					
資金調達合計					
期末現金残高					

秋山君「ところで、現金収支予算というのは何を表示するのですか？」

上田女史「各四半期において利用可能な現金額と支払金額を一覧にして比較し、現金の過不足額を明らかにするのよ」

秋山君「現金利用可能額って何ですか？」

上田女史「テンプレートを見ればわかるように、各四半期の期首の手持現金に各四半期ごとの販売代金回収額を加えたものが、各四半期において利用可能な現金の額になるのよ。つまり、支払いに回すことができる現金の額ということね」

秋山君「販売代金回収額は、すでに販売予算で作成されていますよね」

上田女史「そうね」

秋山君「第 1 四半期の期首残高というの何ですか？」

上田女史「前年度の第 4 四半期の手持現金の期末残高よ。第 1 四半期には、この金も利用可能よ」

秋山君「そうですね。するとこれは期首の貸借対照表から入手できるのですね」

上田女史「ご名答」

秋山君「期首の貸借対照表によると現金残高は 15,000 千円、販売予算によると第 1 四半期の販売代金回収額は 60,000 千円だから、現金利用可能額は 75,000 千円ですね」

上田女史「そうね！」

秋山君「テンプレートに書き入れると、こうなりますか？」

と言って秋山君が作ったのが、次の表です。

現金収支予算

(単位：千円)

	第 1 四半期	第 2 四半期	第 3 四半期	第 4 四半期	年間合計
期首現金残高	15,000				
販売代金回収額	60,000				
現金利用可能額	75,000				
支払額					

秋山君「次は支払額ですね。商品の仕入代金の支払額は仕入予算で、販売管理費の支払額は販売管理費予算で作成されています」

上田女史「そう。そして備品購入金額は、秋山君が作った現金収支予算の仮定に示されているわ」

秋山君「第一四半期の仕入代金支払額は 51,840 千円、販売管理費の支払額は 24,000 千円、備品購入額は 6,000 千円、合計 81,840 千円になります」

上田女史「現金利用可能額から支払額の合計を控除すると、現金超過額、もしくは不足額が明らかになるわ」

秋山君「はい、わかりました」

と言って秋山君が作ったのが、次の表です。

現金収支予算

(単位：千円)

	第 1 四半期	第 2 四半期	第 3 四半期	第 4 四半期	年間合計
期首現金残高	15,000				
販売代金回収額	60,000				
現金利用可能額	75,000				
支払額					
仕入代金	51,840				
販売管理費	24,000				
備品購入額	6,000				
支払合計	81,840				
現金超過（不足）	(6,840)				
資金調達					

秋山君「第 1 四半期の利用可能額は 75,000 千円、支払額は 81,840 千円だから、6,840 千円の現金不足になります。すると、財務部から借入れをしなければなりませんね」

上田女史「そうね。秋山君が作った仮定から、第1四半期の期末には最低 10,000 千円の現金を手持しなければならないから、この分も借入額に加えないといけないわね」

秋山君「そうすると借入れしなければならない金額は 16,840 千円になりますね」

上田女史「これも秋山君の仮定によると、借り入れる金額は 10,000 千円単位だから、20,000 千円を借り入れることになるわ」

秋山君「そうすれば、第1四半期の期末現金残高は、13,160 千円になりますね」

上田女史「そうね。そして、この第1四半期の期末現金残高が第2四半期の期首現金残高になるのよ」

秋山君「なるほど」

と言って秋山君が作ったのが、次の表です。

現金収支予算

（単位：千円）

	第1四半期	第2四半期	第3四半期	第4四半期	年間合計
期首現金残高	15,000	13,160			
販売代金回収額	60,000				
現金利用可能額	75,000				
支払額					
仕入代金	51,840				
販売管理費	24,000				
備品購入額	6,000				
支払合計	81,840				
現金超過（不足）	(6,840)				
資金調達					
借入れ	20,000				
返済					
支払利息					
資金調達合計	20,000				
期末現金残高	13,160				

> **秋山君**「第 2 四半期は、期首現金残高 13,160 千円に、第 2 四半期の販
> 　　　売代金回収額 170,000 千円を加えた 183,160 千円が、現金利用
> 　　　可能額になるのですね」
> **上田女史**「そうよ。それから支払額の合計を控除すると、第 2 四半期
> 　　　の現金の超過額、もしくは不足額が明らかになるわ」
> **秋山君**「第 2 四半期の仕入代金、販売管理費、備品購入代の支払額は、
> 　　　それぞれ 74,880 千円、42,000 千円、4,000 千円で、合計額は
> 　　　120,880 千円だから、62,280 千円の現金超過額になります」

と言って秋山君が作ったのが、次の表です。

現金収支予算

（単位：千円）

	第 1 四半期	第 2 四半期	第 3 四半期	第 4 四半期	年間合計
期首現金残高	15,000	13,160			
販売代金回収額	60,000	170,000			
利用可能現金	75,000	183,160			
支払金額					
仕入代金	51,840	74,880			
販売管理費	24,000	42,000			
備品購入額	6,000	4,000			
支払合計	81,840	120,880			
現金超過（不足）	(6,840)	62,280			
資金調達					
借入れ	20,000				
返済					
支払利息					
資金調達合計	20,000				
期末現金残高	13,160				

> **上田女史**「第 2 四半期の現金超過額 62,280 千円は、期末に手持しなけ
> 　　　ればならない現金額 10,000 千円を大幅に上回るから、第 1 四半
> 　　　期に借りた 20,000 千円を財務部に返すことができるわね」

秋山君「利息も払うのですよね」

上田女史「もちろんよ。秋山君の仮定では、借入金の利息は年6％、借入は資金が不足する第1四半期の最初の日に行い、借入の返済及び利息の支払いは余裕資金がある第2四半期の最後の日に行うことになるわ」

秋山君「すると借入の期間は半年になるから、利息の金額は、20,000千円×6％×6/12 で 600 千円なりますね」

上田女史「そうなるわね」

秋山君「すると第2四半期の期末現金残高は、現金超過額 62,280 千円から借入の返済額 20,000 千円と利息分 600 千円を引いた、41,680 千円になりますね。これが第3四半期の期首現金残高になるのですね」

と言って作ったのが、次の表です。

現金収支予算

（単位：千円）

	第1四半期	第2四半期	第3四半期	第4四半期	年間合計
期首現金残高	15,000	13,160	41,680		
販売代金回収額	60,000	170,000			
現金利用可能額	75,000	183,160			
支払額					
仕入代金	51,840	74,880			
販売管理費	24,000	42,000			
備品購入額	6,000	4,000			
支払合計	81,840	120,880			
現金超過（不足）	(6,840)	62,280			
資金調達					
借入れ	20,000				
返済		(20,000)			
支払利息		(600)			
資金調達合計	20,000	(20,600)			
期末現金残高	13,160	41,680			

> **上田女史**「よくできているわね。第3四半期、第4四半期も同じ要領
> 　　　　で作成するのよ」
> **秋山君**「はい、わかりました」

と言って秋山君が作ったのが、次の現金収支予算です。

現金収支予算

（単位：千円）

	第1四半期	第2四半期	第3四半期	第4四半期	年間合計
期首現金残高	15,000	13,160	41,680	85,880	15,000
販売代金回収額	60,000	170,000	160,000	110,000	500,000
利用可能現金	75,000	183,160	201,680	195,880	515,000
支払金額					
仕入代金	51,840	74,880	76,800	53,640	257,160
販売管理費	24,000	42,000	36,000	30,000	132,000
備品購入額	6,000	4,000	3,000	2,000	15,000
支払合計	81,840	120,880	115,800	85,640	404,160
現金超過（不足）	(6,840)	62,280	85,880	110,240	110,840
資金調達					
借入れ	20,000				20,000
返済		(20,000)			(20,000)
支払利息		(600)			(600)
資金調達合計	20,000	(20,600)			(600)
期末現金残高	13,160	41,680	85,880	110,240	110,240

> **秋山君**「上田主任、ここまでだいぶ時間を使いましたけど、この現金収
> 　　　　支予算を作るメリットというの何ですか？」
> **上田女史**「この現金収支予算により、現金が不足する時期と金額が明ら
> 　　　　かになるわ。それがわかれば、早めに借入れの交渉等を有利な条
> 　　　　件で行うことができるし、資金のショートが起こるのを防げるよ
> 　　　　うになるのよ」
> **秋山君**「なるほど、納得です」

秋山君は、完成した現金収支予算を営業 3 課　井上課長に提出しました。

秋山君の報告を聞いた井上課長の感想です。

井上課長「そうか、第 1 四半期に資金が不足し、第 2 四半期に利息の
　　　　支払いが発生するのか？それをカバーするために売上げをもっと
　　　　伸ばさなければいけないな!?秋山君頼むぞ！」
秋山君「はい、おまかせください!!」

　初めての仕事を無事こなして、少し気が大きくなったのでしょうか、秋山
君。

　でも確かに、この仕事を通じて営業 3 課全体の活動の状況を知ることが
でき満足したのか、一段と自信を持ったように見える秋山君でもあります。

エピローグ：「決算書はどうできる…？」

　江波君の先輩の会社の貸借対照表と損益計算書を分析してから、財務諸表を見る機会が増えた秋山君ですが、財務諸表がどのようにしてできているのか、不思議でなりません。

　さっそく経理部にいる大石君に連絡すると、「今度の週末、土曜日 10 時に、家においでよ。時間をとるよ」と言ってくれました。

　土曜日の朝、田舎から送ってきた新鮮なサクランボと金賞受賞の純米酒を手土産に、大石君の家に向かう秋山君の姿がありました。

参考文献

Introduction to managerial accounting　7th edition（McGrawHill）

【著者紹介】
土田 義憲（つちだ よしのり）
作家、公認会計士
新日本監査法人シニアパートナー、国際教養大学客員教授を経て、現職

【主な著書】
『実践ビジネス・リスク・マネジメント』（大蔵財務協会）
『内部統制の実務』（中央経済社）
『財務報告に係る内部統制』（中央経済社）
『取締役・監査役の内部統制』（中央経済社）
『内部監査の実務』（中央経済社）
『税務調査で使える内部統制のつくり方』（中央経済社）

会計思考で成長する若手社員
入社5年目　秋山君の挑戦

2021年12月10日　初版発行

著　者　　土田 義憲

発行者　　橋詰 守

発行所　　株式会社 ロギカ書房
　　　　　〒 101-0052
　　　　　東京都千代田区神田小川町2丁目8番地
　　　　　進盛ビル303号
　　　　　Tel 03（5244）5143
　　　　　Fax 03（5244）5144
　　　　　http://logicashobo.co.jp/

印刷・製本　　藤原印刷株式会社
©2021　Yoshinori Tsuchida
Printed in Japan